P9-DBK-975

Personas

PERSONAS

De esta edición:
D. R. © Santillana Ediciones Generales, S.A. de C.V., 2012
Av. Río Mixcoac 274, Col. Acacias
México, 03240, D.F. Teléfono 5420 7530
www.alfaguara.com.mx

Primera edición: abril de 2012

ISBN: 978-607-11-1880-6

D. R. © Cubierta: Leonel Sagahón

D. R. © Fotografías: archivo del autor

Impreso en México

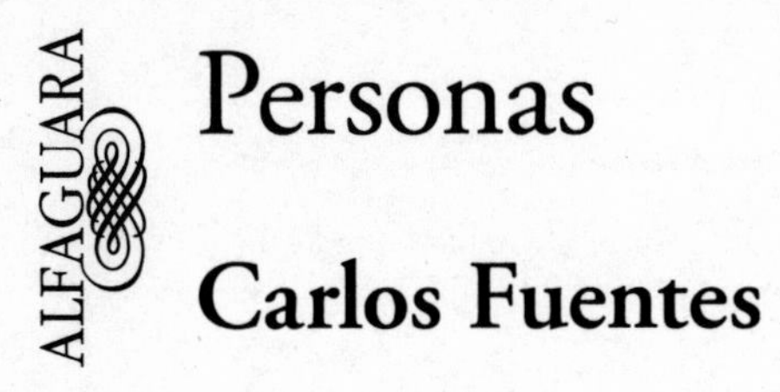

Personas

Carlos Fuentes

Índice

Preámbulo: Jean Daniel

Era joven (para un francés). Bien parecido (para su edad). Inteligente (como casi todos los franceses). Y era misterioso. Tenía un aire de personaje de Graham Greene o de Eric Ambler. Sólo que su personalidad misma escondía juventud, apariencia física, inteligencia y misterio detrás de una fachada de bonhomía sonriente y elocuencia verbal. ¿Lo había visto, muchos años antes, acompañando a su amigo Albert Camus en las noches existencialistas del cabaret *Tabú*? ¿Lo veía ahora como realmente era, o como el emisario de una relación peligrosa y esperanzada dentro de la Guerra Fría?

Él pasaba por México desde Washington y rumbo a La Habana. No había comunicación aérea entre Cuba y Estados Unidos, de manera que el paso por México era obligado. Él acababa de conversar en la Casa Blanca con el presidente John F. Kennedy, quien reconoció que pocos países habían sido tan humillados por Estados Unidos como Cuba y que ahora Estados Unidos pagaba el error de haber apoyado a Batista. Sólo que Cuba ya no era un problema cubano sino mundial, insertado en la Guerra Fría. Castro obraba, quizás, por independencia, locura, orgullo e ideología.

—Venga a verme cuando regrese de Cuba —me dijo el presidente Kennedy, asesinado en el momento en que él, Jean Daniel, conversaba con Fidel Castro en La Habana. El líder cubano imaginaba lo imposible: que Kennedy entendiese la realidad latinoamericana y se convirtiese en el más grande presidente de Estados Unidos.

Cuento lo anterior porque sitúa a Jean Daniel en el centro mismo de su profesión de periodista. Escucha. Entiende. ¿Calla... o publica? ¿Dice... o guarda silencio? Lo mueve una sensación hiriente: la cruel intimidad, no de Kennedy y Castro, sino de Estados Unidos y Cuba. Lo asalta una pregunta aún más cruel: ¿La muerte revela secretos? Lo persuade, en fin, una convicción profesional: el periodismo permite revelar lo que no afecta la vida de terceras personas.

Tardé en darme cuenta de esta verdad, presente en la conciencia del hombre que conocí en México, el que venía de Washington e iba a La Habana. Creí entenderlo un poco mejor durante la visita a México del presidente François Mitterrand en 1981. Simpatizante del presidente, simpatizante del socialismo, noté entonces en Jean Daniel una cierta distancia que se resistía a la seducción que tan bien sabía desplegar Mitterrand.

Distancia, pero no por antipatía hacia el poder, sino por esa fidelidad a la *polis*, a la ciudad, a la sociedad, que es la fidelidad del periodista y que dificulta la amistad con el poder cuando se escribe sobre el poder.

No hablo, aquí, de divergencias frontales y legítimas del periodista con un poder opuesto al periodista, sino de la —cuánto más difícil— relación del periodista con un poder con el que está de acuerdo, pero al cual no puede dejar de juzgar, en nombre del periodismo, sí, que es el nombre de la sociedad, de la política, de la *polis*, de la ciudad compartida por el poder y sus críticos, incluso los que simpatizan, pero no dejan de juzgar, al poder.

Entendí entonces que el misterioso hombre que iba de Washington a La Habana, que el escéptico hombre que acompañaba a Mitterrand a Yucatán, tenía una lealtad con su profesión que no le impedía acercarse al poder, pero diciéndole al poder: soy respetuoso, pero no soy conformista. Soy periodista: quiero conocer la afirmación y su negación; quiero conocer la negación y su afirmación.

La historia, nos dice Milan Kundera, no es maestra de la verdad, por el simple hecho de que se está haciendo y no ha dicho su última palabra. Esto es lo que hace Jean Daniel: ve la historia que se está haciendo. Se niega a ponerle el letrero "Fin" a la historia porque cree, con ironía cierta, con escepticismo visible, que debemos abrir un horizonte mejor para todos, "fuera —nos dice— de la felicidad del hábito y la fatiga del uso".

En México, durante mi juventud estudiantil, me reservaban un ejemplar de *L'Express* primero, del *Observateur* enseguida, en la

Libraire Française del Paseo de la Reforma. Era nuestra manera de ligarnos al mundo, fuera de las exigencias del nacionalismo mexicano. Nuestra manera, leyendo a Jean Daniel, de hacernos parte del mundo, partícipes de sus peligros y de sus oportunidades también, pero sobre todo, leyendo a Jean Daniel, de entendernos mejor a nosotros mismos.

África del Norte nos concernía. Checoslovaquia era nuestra. Francia nos pertenecía, y éramos, por todo ello, gracias a Jean Daniel, más mexicanos, más latinoamericanos.

¿Qué nos decía, pues, nuestro grande y querido amigo? Lo mismo que le dijo hace años Albert Camus, con la voz de Juliette Greco en la penumbra, al salir del *Tabú:*

"No podemos tener la razón solitariamente".

Gracias, Jean Daniel, por estar con nosotros.

—Yo no he vuelto a ser feliz desde aquel día.

El día era el 9 de febrero de 1913, cuando en el Zócalo, la plaza principal de la Ciudad de México, murió acribillado el general Bernardo Reyes, padre de mi amigo don Alfonso. Una larga bala lo mató. Venía persiguiéndolo toda la vida. Desde que, joven militar, luchó contra la invasión francesa y el imperio de Maximiliano, y derrotó al terrible "Tigre de Álica", mañanero y facineroso, Manuel Lozada, el invencible guerrillero de la Sierra de Jalisco que desde 1858 había combatido al ejército mexicano. Derrotado una y otra vez, cercado para que muriera de hambre, escapado, derrotado otra vez en San Cayetano, móvil y escurridizo, hasta la última campaña, la derrota de La Mojonera, nueva derrota en La Mala Noche, otra más en Arroyo de Guadalupe y al cabo la captura del "Tigre" en el cerro de los Arrayanes en 1873 y su fusilamiento en Tepic ese mismo año.

Bernardo Reyes combatió con Ramón Corona, luego con Donato Guerra contra la rebelión en Tuxtepec de Porfirio Díaz. Fue general del ejército a los treinta años y gobernador de Nuevo León, de 1885 a 1887 y, más tarde, de 1900 a 1903. Dicen que pacificó al estado (¿es, a la larga, "pacificable" México?).

Señalo esta turbulenta historia por dos motivos. El primero, que el general Bernardo Reyes, gobernador de Nuevo León, no sólo hizo obra pública, instaló telégrafos y creó líneas de ferrocarriles, sino que, adaptándose a la lección de Bismarck en Alemania, propició una legislación laboral, que en el caso de Bismarck, intentaba robarle el tema a los socialistas y, en el de Reyes, anticiparse a los reclamos obreros de la revolución por venir.

Dada la enorme devoción de Alfonso Reyes hacia su padre, es importante destacar, por una parte, la escasa relación del niño-joven con el general Reyes, y la intensa cercanía con el padre como "supremo recurso" al conocer las debilidades propias. "Junto a él —escribe—, no deseaba más que estar a su lado. Lejos de él, casi bastaba recordar para sentir el calor de su presencia". Las ideas de su padre, continúa don Alfonso, "salían candentes y al rojo vivo de una sensibilidad como no la he vuelto a encontrar".

Entonces, en ese día aciago en la memoria —9 de febrero de 1913— cae muerto Bernardo Reyes en el Zócalo. Viene del exilio, solo, a entregarse primero y a rebelarse enseguida, contra el gobierno de Francisco Madero. Su hijo sabe que "todo lo que salió de mí, en bien o en mal, será imputable a ese amargo día". El padre siempre "vivió en peligro" y el hijo, desde niño, se enfrentó a la idea de no verlo más.

Cuando vino "la inmensa pérdida", el golpe se quedó en el hijo, vivo siempre, en algún repliegue del alma. Alfonso sabe que "lo puedo resucitar y repetir cada vez que quiera".

El asesino de Madero, Victoriano Huerta, se transforma —como Pinochet en otro acto trágico, tras la muerte de Salvador Allende— de un sumiso militar a un tirano de dura faz que forma un gabinete de eminencias culturales y legislativas —José María Lozano, Querido Moheno, Nemesio García Naranjo, José López Portillo y Rojas y Rodolfo Reyes, hijo del general— e invita a Alfonso a formar parte del gobierno. Alfonso, al revés de su hermano, se niega y sale al exilio en Madrid, donde vivirá, con su mujer Manuela y su hijo Alfonso, desde 1914 y ya como secretario de la Legación de México en 1920, apoyado sin duda por su viejo compañero de estudios, José Vasconcelos, a punto de ser nombrado ministro de Educación por el caudillo triunfante Álvaro Obregón.

Vieja amistad. Antes de 1910, Reyes formó parte del Ateneo de la Juventud junto con Vasconcelos, Antonio Caso y Pedro Henríquez Ureña, en plena rebeldía intelectual contra la filosofía oficial de la dictadura, el positivismo de Augusto Comte que disfrazaba con una máscara de "orden y progreso" al régimen de Díaz y ocultaba la crueldad del tirano en el campo de concentración del Valle Nacional, en la expulsión del pueblo yaqui de sus tierras y la marcha forzada de Sonora a Yucatán, en la rebelión de Tomochic, en las prisiones de San Juan de Ulúa, en el peonaje y la tienda de raya, en la represión de las libertades.

La generación del Ateneo propuso, en vez, la nueva filosofía vitalista de Henri Bergson, intuitiva, evolucionista y claramente opuesta al positivismo conservador de los llamados "Científicos" del porfiriato. De esta época son los primeros escritos de Reyes, *Las cuestiones estéticas* de 1911 que condensan el pensamiento literario y artístico de su generación y en particular su devoción a Góngora, poeta menos preciado en los parnasos románticos y al cual Reyes dará una devoción natural ("mi poeta... este Góngora que se apoderó de mi fantasía") y, casi, una misión intelectual contra el "hacinamiento de errores que la rutina ha amontonado sobre Góngora". Quiere separar "el peso muerto que gravita sobre las obras de Góngora" de lo que es, *strictu sensu*, la poesía de Góngora: su idea del mundo, la presencia física de las cosas, la inteligencia de los objetos del mundo, la "emoción primera" de los poemas.

Subrayo acaso esta relación Reyes-Góngora para situar a don Alfonso en su experiencia primaria, la "experiencia literaria" como titula uno de sus libros, pero también para deslindar (otro concepto alfonsino) la vida del hijo de la del padre tan amado y la del ciudadano mexicano de la del escritor mexicano. En deuda siempre éste de aquél y aquél con éste.

—No he vuelto a ser feliz desde aquel día.

No fue feliz. Fue escritor y debo añadir que fue un hombre risueño, sensual a la vez que cauto y amable. Sus años de Madrid fueron económicamente difíciles. Fue, junto con Martín Luis Guzmán, el "Fósforo" crítico de cine en la revista semanal *España* de Ortega y Gasset y fue el observador, por así llamarlo, novohispano de la madre patria en *Canciones de Madrid*, *Las horas de Burgos* y *Las vísperas de España*, aunque la obra mayor de esta época es la *Visión de Anáhuac* (1917), donde Reyes inicia una tarea y una tradición que no tienen fin. Retoma textos anteriores (en este caso, los del país inmediatamente anterior y luego contemporáneo con la Conquista) y les da una validez actual que ilustra tanto la necesidad como la descendencia de los textos.

Esta iniciación renovada iluminará toda la obra de Reyes. Su prosa nos ofrece una "visión" contemporánea (de la Grecia antigua, de la colonia novohispana, de Goethe y Mallarmé) que borra las distancias, nos enseña a entender hoy, en una prosa de hoy, lo que heredamos del pasado. Su enseñanza la hice mía al leerla. No hay pasado vivo sin nueva creación. Y no hay creación sin un pasado que la informe y ocasione.

La obra mayor de Reyes en este período es la *Ifigenia cruel* (1924), en la que el autor transfiere su drama personal —la muerte del padre, la ruptura con el pasado, el exilio, la tristeza íntima, la supervivencia en nombre del tiempo— a la forma clásica de Eurípides, dándole una profunda tristeza contemporánea, mexicana, personal, al gran tema del destino liberado de los dioses pero sujeto al evento histórico. Acaso Reyes hizo suyas las palabras de Agamenón: "Quiero compartir tus sentimientos justos, no tus furias".

Y acaso, habiendo escrito la *Ifigenia*, Reyes pudo liberarse de sus propios demonios, aunque no de sus memorias ni de sus penas personales. Ingresa al servicio diplomático para encabezar, al cabo, la embajada de México en Brasil. Este encuentro de Reyes con la América portuguesa es tan fecundo como la convicción que anima esta parte de su vida: "Nunca me sentí extranjero en pueblo alguno, aunque siempre fui algo náufrago del planeta". Reyes ve a Brasil como país de banderas que avanzan al frente de una tribu bíblica llevando consigo a sus seres y sus soldados. Es un país de auges: azúcar, oro, algodón, caucho, café. Es un país de escenarios deslumbrantes. Un país de fantásticas atracciones seguidas de bruscas desilusiones que acaban en desbandadas hacia nuevas regiones y otras fortunas. Y canta al "Río de Enero, Río de Enero, fuiste río y eres mar". Reyes admira enormemente "el alma brasileña" y —¿quién no?— a los diplomáticos brasileños, "los mejores negociadores... nacidos para deshacer, sin cortarlo, el nudo gordiano". Y se acoge, mexicano al fin, a la estatua del emperador Cuauhtémoc, en la playa Flamenco, convertida en refugio de enamorados vespertinos y en amuleto carioca: basta darle tres vueltas a la estatua quitándose el sombrero para conjurar todos los peligros.

Reyes convivió en Argentina con la presidencia de Agustín P. Justo. Se enamora de Buenos Aires —otra vez, ¿quién no?— y agradece "haber quedado aquí algunos años de mi vida". En Buenos Aires, Reyes asume la carga especial de representar a la asediada y al cabo vencida República española. Distancia a México de la política pro-franquista del ataviado canciller argentino Carlos Saavedra Llamas, cuyos cuellos almidonados eran más tiesos y altos que su persona. El embajador de la República española es Joaquín Díez-Canedo. Reyes busca y obtiene la colaboración de Eduardo Mallea, Ricardo Molinari, María Rosa Oliver, Francisco Romero, Alfonsina Storni, Victoria Ocampo y Jorge Luis Borges en defensa de la República Española.

Hay una galería de escritores argentinos (los mejores de Hispanoamérica, a mi entender) que se hacen amigos de Reyes. Macedonio Fernández: "el gran viejo argentino pertenecía a la tradición hispánica de los raros —¡qué raros, Quevedo, Gómez de la Serna!". Leopoldo Lugones: "Deja en *Lunario sentimental* el semillero de la nueva poesía argentina". ¿Qué importa que sea impaciente, provinciano, criollo díscolo frente a España? Lugones quiere, "por su propia cuenta", reconstruir al mundo, "atropelladamente magnífico... ser insaciable... su conversación era archivo abierto para recorrer los pasos de la vida argentina". ¿Fascista? "Lo arrolló la ola del desencanto social y personal". ¿Suicida? "Yo espero que lo respeten las hienas". Y Alejandro Korn: "La posición argentina de dejar siempre una aportación nacional en todos los extremos de la acción y el pensamiento". Los une el rechazo al positivismo, el acento puesto en el conocimiento y los valores, la persona como suma de necesidad y libertad.

¿Y Borges? "No tiene página perdida", dice Reyes. Sus fantasías son utopías lógicas aunque estremecidas. Su testimonio social se halla en los más oscuros rincones de la vida porteña. Buenos Aires es Borges porque ambos son un hervidero de migraciones y lenguajes. La prosa de Borges no admite exclamaciones. La apariencia de Borges es la de un náufrago.

Y para Borges, Reyes no tiene página perdida.

¿Y México?

¿El México detrás de la máscara trágica de Ifigenia? ¿El México de "plumas, pieles y metales"? ¿El México de flautas y caracoles y atabales? ¿El México de aves de rapiña y hombres muertos en el mediodía de la Revolución? ¿El México de héroes que tardan en resucitar? Todo está en la obra de Reyes, como están Eurípides y Goethe y Mallarmé. El ataque nacionalista olvida, separa, reduce.

"Charadas bibliográficas... Una evidente desvinculación de México". Tal es la acusación nacionalista contra Reyes. ¿Por qué su ausencia de México? ¿Porque ha tenido éxito en el extranjero? ¿Porque no se enquista en las luchas de campanario? Decir esto del autor de *Visión de Anáhuac* y de ensayos críticos sobre Amado Nervo, Enrique González Martínez, Salvador Díaz Mirón y más allá, de Ruiz de Alarcón y Sor Juana, es un despropósito amnésico. La respuesta de Reyes —*A vuelta de correo*— sigue siendo, hasta el día de hoy, un texto vívido, diría yo indispensable, para la creación literaria en México y para la vinculación que nuestros escritores actuales (escribo en 2012) mantienen con la literatura mundial de la cual forman parte, ya sin necesidad de dar las explicaciones que Reyes dio por todos nosotros.

"Nadie ha prohibido a mis paisanos —y no consentiré que a mí nadie me lo prohíba— el interés por cuantas cosas interesan a la humanidad... Nada puede sernos ajeno sino lo que ignoramos. La única manera de ser nacional consiste en ser generosamente universal, pues nunca la parte se entendió sin el todo".

Y añade, para su tiempo y el nuestro: "La nación es todavía un hecho patético, y por eso nos debemos todos a ella".

"No he vuelto a ser feliz desde ese día", diría a "la nación patética".

A ella regresó en 1940, recordando que "nunca me sentí profundamente extranjero en pueblo ajeno, aunque siempre fui algo náufrago del planeta".

Para Reyes, ser mexicano es un hecho, no una virtud. "Mi arraigo —dijo— es arraigo en movimiento. Mi escritura, convicción de que la palabra es el talismán que reduce al orden las inmensas contradicciones de nuestra naturaleza. La conciencia sólo se obtiene en la punta de la pluma".

De regreso en México, Reyes crea la Casa de España y El Colegio de México. Es la época de sus grandes textos sobre el arte literario. *La antigua retórica* y *La crítica en la edad ateniense* son parte de su gigantesco esfuerzo por traducir la cultura de occidente a términos latinoamericanos. *La experiencia literaria* y *El deslinde* serán sus dos grandes síntesis de la teoría literaria.

Para Reyes la literatura no es estado de alma que conduce a la santidad o al melodrama. Es palabra trascendida, es lenguaje dentro del lenguaje. La literatura narra un suceder imaginario que no se corresponde necesariamente con lo real, pero que constituye lo real —añade a lo real algo que antes no estaba allí. La literatura no es sólo reflejo sino construcción de la realidad.

Don Alfonso, en una etapa final de su vida, encaramado en su vasta biblioteca —la Capilla Alfonsina— o enviado a Cuernavaca para apaciguar sus males cardíacos, nunca dejó de ser atacado por los chovinistas irredentos, los escritores inferiores, los resentidos y los que buscaban en su obra lo que no estaba, lo que no tenía por qué estar allí.

Cuento en otra parte mi relación personal con Reyes, continuación, en cierto modo, de la que mantuvo con mi padre. Le escribe a éste, en 1932, "¿Qué me dio usted? Le hago, en serio, una proposición: vaya pensando en que, en lo posible, en la Secretaría [de Relaciones Exteriores] nos dejen estar juntos siempre que se ofrezca. Yo estaba muy contento de usted, en lo personal como mi amigo y en lo oficial como mi colaborador. Esto se dice sin adjetivos, sin palabras ociosas, en serio."

Sólo puedo decir de mi amistad con Reyes lo mismo que él dijo de su amistad con mi padre.

Y en su tumba, las palabras que el propio Reyes determinó: "Aquí yace un hijo menor de la palabra".

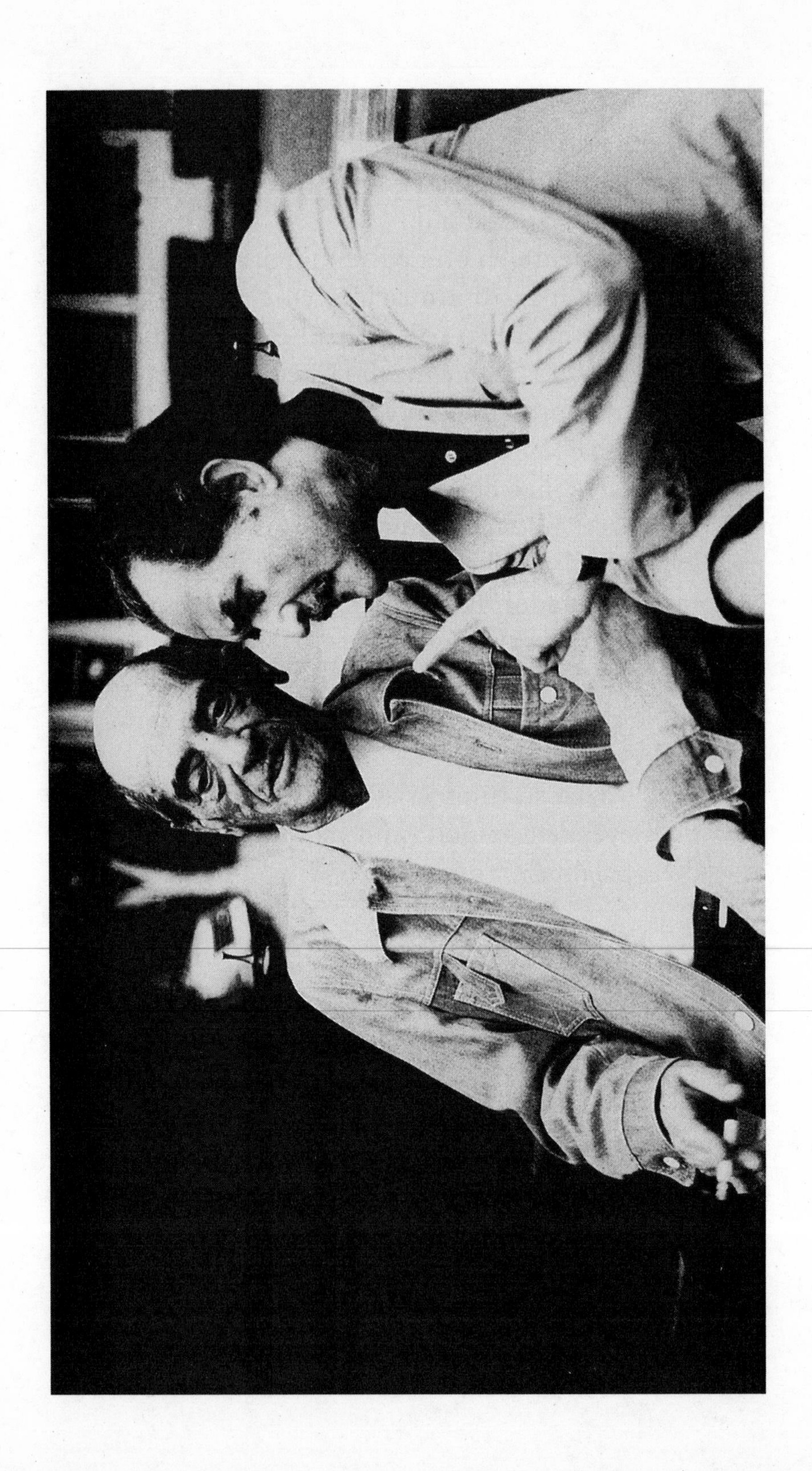

Luis Buñuel

El "Buñueloni" consiste en mitad ginebra, un cuarto de cárpano y un cuarto de martini dulce.

Buñuel me lo ofrecía cada vez que le visitaba en su casa de la calle de Félix Cuevas, en la Ciudad de México, los viernes de cuatro a siete, cuando Buñuel estaba en mi país. La casa no se distinguía demasiado de las demás de la colonia Del Valle. Buñuel había coronado los muros exteriores de vidrio roto, "para impedir que entren los ladrones".

No que hubiese mucho que robar en la casa de Buñuel. Rodeada de espacios que no llegaban a ser jardín, la casa misma (colonial-moderna, México-Califórnica) tenía en el vestíbulo de entrada el retrato de Buñuel por Salvador Dalí, hecho en 1930.

—Es un buen retrato —comentaba Luis.

El bar era el lugar preferido.

—Empiezo a beber a las once de la mañana —dice sin más, ofreciéndome el resistible "Buñueloni".

Hay libreros en el bar. En primer término, gruesas guías telefónicas de diversas ciudades del mundo. Una tarde, esperando a Buñuel, me atrevo a mirar atrás de los libros de teléfono.

No me asombra lo que encuentro. *El egoísta* de Meredith, *Cumbres borrascosas* de Brontë, *Tess D'Ubervilles* y *Jude el oscuro,* ambas de Thomas Hardy. Lo confiesa Luis: son las novelas que le hubiese gustado filmar. Llevó a la pantalla, sí, *Cumbres borrascosas* con un error de reparto y de acentos: Irasema Dillian es Cathy con acento polaco, Jorge Mistral habla como andaluz en el Heathcliff buñuelesco y los actores mexicanos (Lilia Prado, Ernesto Alonso) no desdeñan el sonsonete de su parroquia. Buñuel no pudo realizar la película en Francia, como hubiese deseado, en los años treinta. La filmó en México en 1954 con un solo propósito: la música del *Tristán* de Wagner como comentario, superior lo oído a lo visto.

No volvió a usar temas musicales. En el cine de Buñuel sólo se escucha, además del diálogo, lo que dicen los animales, los bosques, las puertas, las pisadas y los tambores de Calanda.

Él me confiesa que le hubiese gustado realizar *El monje* de Lewis, y fracasó un proyecto fascinante: *The Loved Ones (Los seres amados)* de Evelyn Waugh, con Alec Guinness y Marilyn Monroe. Nos queda imaginar lo que hubiese sido el matrimonio de la sátira británica y el surrealismo español. Donde Waugh se ríe con amargura, Buñuel se hubiese distanciado con ironía. La muerte inglesa es el fin de la vida, la muerte en Buñuel es otra forma de vivir.

Hay primeras ediciones firmadas de los escritores surrealistas, sobre todo un volumen de fantasías germánicas de Max Ernst, que Luis me obsequia. Hay más proyectos archivados, sobre todo un guión para *Bajo el volcán* de Lowry, en el cual colaboré y que anunciaba un gran reparto: Jeanne Moreau, Richard Burton y Peter O'Toole. Y *Una historia de las herejías* del Abbé Migne que le sirvió para filmar *La Vía Láctea* (1970).

A veces íbamos juntos al cine. Admiraba la libertad creativa de la *Roma* de Fellini, y le conmovía moralmente *Paths of Glory* de Kubrick. Fuimos a ver —Cristo obliga— *Rey de Reyes* de Nicholas Ray con Jeffrey Hunter y fuimos corridos —ya nos íbamos— del cine cuando el Demonio tienta a Jesús con una visión de domos dorados y brillantes cúpulas en el desierto. Con voz muy alta, Buñuel exclamó:

—¡Le ha ofrecido Disneylandia!

Buñuel: la religión y el cine. Nació al debutar el siglo XX en Calanda, pequeño pueblo de Aragón, donde la Semana Santa es celebrada a tambor batiente, única, angustiosa "música" que Buñuel admitirá a partir de *Nazarín* (1958). El padre de Luis había sido oficial del ejército español en la colonia de Cuba y cuando Alfredo Guevara, el entonces joven jefe del nuevo cine (el castrista) de Cuba invitó a Buñuel a filmar en La Habana *El acoso* de Alejo Carpentier, el director se negó:

—No puedo. Mi padre fusiló a Martí.

Calanda y Aragón eran la raíz de Buñuel y España se hizo presente, con tambor, incienso, pobreza y soledad, en todas sus obras. Era un creador aragonés. Ni el surrealismo en París ni el exotismo en México pudieron jamás expulsar la mirada española de Luis, mirada de Cervantes, Rojas, Valle-Inclán y Galdós, origen este último de *Nazarín* y *Tristana*.

En la residencia de estudiantes de Madrid, el joven Buñuel hizo amistad con Federico García Lorca y Salvador Dalí. Con Lorca, perpetró grandes bromas madrileñas, la mayor de todas, disfrazarse ambos de monjas, tomar el tranvía y provocar sexualmente a los espantados (o asombrados) pasajeros. Posan juntos en aeroplanos de feria, se divierten porque Lorca, me dice Buñuel, valía más por su gracia andaluza, su imaginación en la vida diaria, que por su poesía. Aun así, Buñuel, mucho más tarde, quiso filmar *La casa de Bernarda Alba* con María Casares, pero los herederos de Lorca lo impidieron.

Con Salvador Dalí había otra forma de hermandad. Buñuel entró al cine francés como ayudante del director Jean Epstein en la adaptación de *La caída de la casa de Usher* de Poe. Epstein reñía a Buñuel:

—¿Cómo se atreve un muchachito principiante como usted a opinar?

Pero al llegar Dalí a París, ambos ingresaron al movimiento surrealista encabezado —como un papado— por André Breton. La foto colectiva del grupo y el cuadro pintado por

Marx Ernst son alucinantes, pasajeros y acaso conmovedores. Tendrían destino. René Crevel, joven poeta suicida. Robert Desnos moriría en el campo de concentración nazi de Theresienstadt. Benjamin Péret se exiliaría en México y André Breton en Nueva York. Chirico se volvería conservador y Éluard y Aragón, comunistas. Picasso sería Picasso y Cocteau un gran juglar sin más convicción que Cocteau. Max Ernst proseguiría como artista, gran pintor hasta el final. Dalí y Buñuel harían juntos la película insignia (más que *La sangre de un poeta* de Cocteau) del surrealismo: *Un perro andaluz*.

El inconsciente no es conocido: de serlo, sería el consciente. El surrealismo es un hecho personal pero universal. El azar (Breton *dixit*) es objetivo. El arte está al servicio del misterio, del sueño, de lo irracional. Y más: las contradicciones del ser humano sólo se resuelven en la libertad ejercida contra un sistema social inhumano que es el nuestro.

Buena parte de este ideario surrealista informa las imágenes de *Un perro andaluz*. Sin embargo, el significado nunca está lejos de la imagen. Al inicio del film, Buñuel, actor, ve una nube que cubre la luna. Acto seguido, corta por la mitad el ojo de la protagonista, Simone Mareuil, a la cual, de inmediato, veremos protagonizar escenas en un apartamento, en las calles y al cabo en una playa. Pero la escena inicial, original, imprevista, implacable, será constantemente parte de Buñuel. La paradoja del ojo rebanado nos remite al hecho de ver, ver una película y no necesariamente proyectada del film a la pantalla sino de los ojos del creador/espectador al muro de su casa. Para entrar al arte de Buñuel, hay que volver una y otra vez a esa imagen del ojo rebanado. El ojo verdadero no es el del cine o la pintura. Es el ojo tuyo y mío proyectando en la pared de la imaginación. La película final, el cine que inventamos tú y yo, liberados de comercio, audiencia o duración. Es lo contrario de la "Disneylandia" denunciada por Buñuel una tarde.

Un perro andaluz fue financiada con dinero enviado por la madre de Buñuel. La siguiente película Dalí-Buñuel, *L'Age D'Or*, contó con el apoyo de la condesa de Noailles. Pero en medio se coló la separación de los amigos. Dalí se dejó seducir por su ambiciosa rusa Elena Diakonova ("Gala"), mujer hasta entonces de Paul Eluard. Por razones desconocidas, Buñuel intentó ahorcarla en la playa de Cadaqués. Adivinaba, acaso, que Gala desviaría (como sucedió) a Dalí de su destino artístico para convertirlo (como sucedió) en un gran payaso con genio, explotador explotado del mundo artístico y comercial. Avida Dollars, como lo llamaron en el acto los surrealistas.

Solo, Buñuel, dirigió una de las películas que dan fama y forma a la cinematografía: *La edad de oro*. Profético, Buñuel inicia el film con tomas de los anuncios comerciales que el protagonista (Gaston Modot) encuentra rumbo a la fiesta elegante (todos los hombres de frac, y corbatas blancas) dada por la familia del "objeto de su deseo" (tema constante de Buñuel) Lya Liss. Para llegar a ella, Modot insulta a los invitados de la fiesta, tira de las barbas a los ancianos, mientras Lya, en su soledad, se chupa el dedo y admite a una vaca en su recámara. Cuando al cabo la pareja se une, el amor no acaba de consumarse, todo es prolegómeno erótico, los escorpiones ocupan la pantalla y Cristo emerge de las páginas del Marqués de Sade, repartiendo bendiciones. Es el duque de Blangis, que sale dando traspiés de una orgía con seis muchachos y seis muchachas, a una de las cuales asesina.

Esta vez el escándalo fue mayúsculo. Miembros del grupo de extrema derecha *Les camelots du roi* invadieron la sala de cine, arrojaron tinteros a la pantalla y rasgaron a navajazos las obras de Tanguy, Miró, Dalí, en el vestíbulo. El comisario de policía parisino, Chiappe, prohibió la exhibición de *La edad de oro*, censura que duró hasta 1966, cuando el heroico Henri Langlois la reestrenó en la cineteca de Chaillot y, por primera vez, la vi.

De vuelta en España, Buñuel filmó *Las Hurdes* (1933), un documental sobre esta región pobre y aislada de España. Se ha dicho que Buñuel exageró la miseria de la región: libertad del artista, la obra permanece como un mito del cine. La propia República Española censuró la película, aunque Buñuel representó al asediado gobierno democrático en París. Al caer la República, Buñuel viajó a Hollywood, contratado por la Warner Bros. Jugó al tenis en la cancha de Chaplin, con el cómico y el cineasta ruso Sergei Einsenstein, pero el trabajo no llegaba: Buñuel debía aprender las reglas del cine norteamericano, pasivamente. Viendo películas de Lilly Damita. Aunque escribió una idea que más tarde se convirtió en *The Beast with Five Fingers* (Robert Florey, 1946) y que el propio Buñuel habría de utilizar en *El ángel exterminador* (1962): una mano sin cuerpo, con vida propia, hace de las suyas.

El paso de Buñuel por Hollywood fue rápido y estéril. Lo esperaba el museo de Arte Moderno de Nueva York (MoMA) y su departamento de cine, dirigido por Iris Barry. Se le encargó a Buñuel editar la espectacular película de Leni Riefensthal, *El triunfo de la voluntad*, realizada en 1934, sobre las gigantescas manifestaciones nazis en el estadio de Nuremberg. Ante todo, Buñuel pudo mostrarle la película a dos cineastas: el ya citado Chaplin y René Clair. Chaplin se tiraba al suelo de la risa cada vez que aparecía Hitler, señalándolo con un dedo y exclamando:

—¡Me imita, me imita!

Clair, en cambio, juzgó que se trataba de una película muy peligrosa porque daba una idea "invencible" del nazismo y de Hitler. Se decidió que el presidente Roosevelt viera la película y diese el veredicto final. FDR coincidió con Clair. La obra de Riefensthal era cine excelente y propaganda peligrosa. La película fue archivada hasta después de la guerra.

En 1946 Salvador Dalí llegó a Nueva York y fue entrevistado por la prensa. El viejo amigo de Buñuel calificó a éste de anarquista, comunista, ateo, maníaco sexual y otras lindezas. El día que se publicó la entrevista, Buñuel se percató de las miradas esquivas y el embarazo general de sus colegas del MoMA; ese año en que la Guerra Fría entraba al refrigerador. Buñuel presentó su renuncia. Fue aceptada y acto seguido citó a Dalí en el bar del hotel Sherry-Netherland.

Al confrontar a su antiguo camarada, Buñuel le dijo:

—Vine decidido a romperte la cara. Pero al verte, me venció el recuerdo de nuestra vieja amistad. Sólo te diré que eres un hijo de puta.

—¡Pero Luis! —exclamó Dalí— ¡Si yo sólo quería hacerme publicidad a mí mismo!

La venganza —pospuesta— de Buñuel la cumplió Max Ernst. En una cena en París a fines de los sesenta, el gran pintor me contó que en el helado mes de febrero de fines de los cuarenta vio a Dalí admirando una vitrina con obras de Dalí en Cartier de Nueva York. Ernst se acercó, le arrebató a Dalí el bastón, se lo estrelló en la cabeza y exclamó, mientras Dalí rodaba Quinta Avenida abajo:

—¡Es por Buñuel!

El productor Oscar Dancigers (envidia: estuvo casado con Edwige Feuillère) trajo a Buñuel a México. Luis llegó con su mujer Jeanne y sus hijos, Juan Luis y Rafael. Dancigers lo puso a dirigir una película, *Gran casino* o *En el viejo Tampico*, en la que alternaban las rumbas de Meche Barba, las canciones de Jorge Negrete y los tangos de Libertad Lamarque, esta última verdadera realizadora de la película. Ordenaba las luces, las cámaras, todo a su favor. Sólo en la escena final se hace sentir Buñuel. Libertad y Jorge se besan junto a un pozo de petróleo. Buñuel evita el beso de las estrellas. Jorge, con su chicote, remueve un charco de petróleo.

—Es mierda —me comenta Buñuel.

Luis pudo dirigir un par de comedias dramáticas sin vergüenza y sin relieve. En 1950, al cabo, Dancigers le dio al director la oportunidad. *Los olvidados* es una de las grandes películas de Buñuel y es gran cine *tout court.* Si su tema y tono son los del neo-realismo italiano, Buñuel introduce un mundo onírico, un malestar cruel en la pobreza, que lo redimen de cualquier sentimentalismo social. El Jaibo (Roberto Cobo) y Don Carmelo (Miguel Inclán, junto con Pedro Armendáriz el mejor actor mexicano) dan un tono de barbarie despiadada y falta de moral intensas a la película. Inclán, además, es un ciego atroz que carga una orquesta a cuestas, explota a los niños, pervierte a los inocentes y al cabo es humillado por El Jaibo y su pandilla. Digo que Inclán fue, junto con

Pedro Armendáriz, el mejor actor del cine mexicano. Nada mejoró a su ciego Don Carmelo en *Los olvidados*, aunque la galería, mínima pero intensa, de Inclán (mudo protector de Ninón Sevilla en *Aventurera*, salvaje explotador de Del Río y Armendáriz en *María Candelaria*, aunque también honesto y sentimental policía en *Salón México*) es incomparable.

Era yo estudiante en la Escuela de Altos Estudios Internacionales en Ginebra cuando un cineclub local proyectó *La edad de oro* y *Las Hurdes*, atribuyéndolas a un cineasta surrealista maldito, muerto durante la guerra de España. Levanté la mano y corregí. Buñuel acababa de ganar la Palma de Oro al mejor director en el Festival de Cannes, con *Los olvidados*.

En otro libro, *Pantallas de plata*, hablaré con mayor extensión de la etapa mexicana de Buñuel. Alternan en estos años películas alimenticias junto con obras notables, la más notable de todas, *Él* (1953). El estudio de los celos, quienes los sienten y quienes los sufren. Arturo de Córdova interpreta (o es) el celoso, fetichista, católico y virgen protagonista, hasta que un Viernes Santo conoce al objeto de su pasión insana, la admirable actriz argentina Delia Garcés. La gama de la sospecha del marido se explaya de una escena a otra, desde que, la noche de bodas, Delia cierra los ojos y Arturo le pregunta: "¿En quién piensas?", pasando por un intento de asesinarla en la torre de la Catedral o de reparar la castidad de la mujer armado de cuerdas, éter, navajas, hilo y agujas, restaurando la virginidad y disfrazando la homosexualidad latente. Que al cabo el celoso acabe en un monasterio y que su demencia la delate sólo la manera de caminar, culminan esta obra maestra que Jacques Lacan, en la Universidad de París, usaba para iniciar su curso de patología sexual.

Si *Él* destaca en la filmografía mexicana de Buñuel, esta etapa culmina con otra obra maestra, *Nazarín* (1958) donde Buñuel cuenta, con gran ambigüedad, la historia de un sacerdote que decide imitar a Cristo y recibe, como recompensa, una piña. Nazarín agradece, con emoción, este regalo: la hostia vegetal. No olvido *Ensayo de un crimen* (*La vida criminal de Archibaldo de la Cruz*, 1955) o la voluntad del crimen cumplido por otras manos. Un *Robinson Crusoe* (1952) en el que Robinson no esclaviza a Viernes, sino que lo hace amigo necesario. Pero la más "Buñuelesca" de las películas mexicanas de Buñuel es *El ángel exterminador* (1962). Maravillosa fábula del encierro, fabulosa crítica de la voluntad. Un grupo de personas de la alta sociedad se reúne a cenar en casa de Edmundo Nóbile (Enrique Rambal) y descubre que no pueden o no saben o no quieren salir del encierro y regresar a sus hogares. A medida que se prolongan las horas, los días, el tiempo, la ropa se abandona y la cortesía también. Imperan la suciedad, el engaño, el impulso, la animalidad próxima... Bastaba *reanudar* la escena para escapar de ella, ir a la iglesia o dar gracias… y volver al encierro, aliviado apenas por el ingreso de unos corderos al templo.

De regreso en España, Buñuel filmó *Viridiana* (1961). Contraparte femenina de *Nazarín*, la novicia (Silvia Pinal) Viridiana desea cumplir y hacer cumplir la ley de Cristo en la casa de campo de su libidinoso tío (Fernando Rey). Suicidado éste, Viridiana acoge a los pobres y los pobres se aprovechan, se burlan de ella y le imponen un caos peor que (o similar a) el orden anterior. Viridiana se rinde y se une a su primo y la criada en una relación triangular en torno a la mesa del tute.

Es en la prodigiosa hermandad de la visión personal y la visión de la cámara donde Buñuel hace más explícita la imagen de su arte y de su mundo. Catherine Deneuve, en *Belle de Jour*, encuentra la realización de sus sueños eróticos en un burdel. Las cuatro paredes de la casa de prostitución se disuelven constantemente gracias a la mirada de la actriz, que jamás nos ve de frente, sino siempre de lado, fuera del marco de la pantalla. Mirada liberadora que observa un mundo más ancho, una mirada que traspasa no sólo las paredes del prostíbulo, sino las del cine, para remitirnos al espacio exterior, social, de los demás. Que no son los de menos, como lo ejemplifica la mirada irónica, soberana, de Jeanne Moreau en el *Diario de una recamarera*. En el mejor papel de una gran actriz, Moreau lo mira todo con una irónica distancia

—el fetichismo del calzado de un anciano, las convenciones de la casa rica, la brutalidad de un criado— hasta unirlos en un haz social y político: lo que Jeanne Moreau está viendo es nada menos que el ascenso del fascismo en Europa.

La segunda etapa francesa de Buñuel comienza con *Belle de Jour* (1967). ¿Sueña Catherine Deneuve que cada tarde fornica en un prostíbulo con fetichistas, muchachos de calcetines rotos y coreanos dueños de cajitas misteriosas? ¿O vive todo esto en la realidad?

Robinson Crusoe observa su isla desde la cima de una montaña. Se da cuenta: éste es el reino de la soledad. Empieza a gritar, en espera del eco de la única voz que puede escuchar, la única compañía que es asegurada: su propia voz.

Sartre dijo: "el infierno son los demás". Buñuel responde con honestidad: no hay paraíso sin la compañía de otros hombres y mujeres.

Buñuel es demasiado casto políticamente (no correcto: sólo limpio y modesto y moralmente fuerte). No podía sumarse a una ideología o simplificar un tema tan complicado como la solidaridad, la relación entre seres humanos. Vi con él la película de De Sica, *Milagro en Milán* (1951). Buñuel no quedó contento. Se oponía a la idea de los ricos como seres uniformemente egoístas, estúpidos y crueles y de los pobres como buenos sin excepción, casi santos en su inocencia.

Por eso, partiendo de (y recordando a) la mirada política de *Diario de una recamarera* podemos entender que Buñuel podía ser crítico implacable del dulce encanto de la burguesía. En su obra desfilan personajes pagados de sí, hipócritas, fríamente crueles o increíblemente estúpidos: desde rollizas matronas y barbados jefes de orquesta en *La edad de oro* al chovinismo masculino de Fernando Rey en *Ese oscuro objeto del deseo*. El hidalgo español seduce niñas, droga monjas antes de violarlas, se proclama liberal en las cafeterías pero bebe chocolate con los curas.

Sólo que en Buñuel los pobres no son mejores que los ricos (aunque los ricos, en la celebrada respuesta de Fitzgerald a Hemingway, "tienen más dinero que tú y yo"). La crueldad del Jaibo y del ciego en *Los olvidados*, del guardabosques en *Diario de una recamarera*, de la mercenaria madre de Conchita en *Ese oscuro objeto del deseo*, del siniestro grupo de mendigos en *Viridiana*, apunta a la repetida crítica de Buñuel, la pobreza rebaja tanto como la riqueza. La crueldad es menos obvia, más disfrazada en la burguesía. Pero la crueldad, el egoísmo y la violencia no son ajenos a la miseria. Son parte de la selva habitada por el *homo homini lupus* tanto en los barrios olvidados de México como en los elegantes salones parisinos.

Nazarín nos da la respuesta de Buñuel a semejante crueldad social. Nazarín ha tratado de imitar a Cristo y a cambio ha sido burlado, encarcelado y golpeado. Junto con una cuerda de presos, una mujer le ofrece una piña. Primero,

Nazarín la rechaza: no merece el obsequio. Pero en seguida se detiene y acepta la inmanejable oferta, agradeciendo a la mujer: "Que Dios se lo pague". Nazarín ha perdido la fe en Dios pero ha ganado la fe en los hombres.

Las palabras de Nazarín son la respuesta a la soledad de Robinson. El verdadero eco a la voz del náufrago solitario es la gratitud del sacerdote inmerso en la sociedad.

Lo muy interesante en Buñuel es que al lado de este mundo humano y espiritual coexiste siempre el mundo natural, el universo de los objetos. La novicia Viridiana, vestida con su largo camisón conventual, se hinca a rezar y abre su negro maletín. De él extrae un crucifijo, clavos, un martillo, de la misma manera que un mecánico podría sacar tornillos, perforadoras y objetos cortantes. Son los instrumentos de su profesión.

Buñuel les presta atención minuciosa a los objetos. Entomólogo apasionado, uno de sus libros de cabecera era la obra de Jean Henri Fabre acerca de las abejas, los saltamontes y los coleópteros. A veces, la cámara de Buñuel es como un microscopio. Se acerca a las cosas sin que la acción deje de fluir. Un lento y baboso caracol se desplaza por la mano del padre Nazarín mientras éste explica su filosofía panteísta a las dos mujeres que se han unido a la peregrinación sagrada (Marga López y Rita Macedo).

Escorpiones en *La edad de oro*, mariposas caseras en *Un perro andaluz*, perros trotando debajo de las carretas en *Viridiana*, corderos entrando a la iglesia en *El ángel exterminador*: objetos y bestias animados de una naturaleza enajenada que Buñuel exhibe no para indicarnos nuestra enajenación del mundo de los objetos, sino la presencia de las cosas que sostienen nuestros mundos mentales, eróticos y políticos.

El materialismo de Buñuel va de lo cotidiano a lo escandaloso. Pero aun los hechos más físicos —comer, amar, caminar— pueden convertirse en protagonistas. El grupo de *bon vivants* de *El discreto encanto de la burguesía* jamás pueden sentarse a comer. Defecar y comer son actos moralmente invertidos en *El fantasma de la libertad*. Fernando Rey no puede violar la faja de castidad medieval de Carole Bouquet en *Ese oscuro objeto…* y en *Viridiana* no puede mirar el virginal cuerpo de Silvia Pinal sin drogarla primero y luego escuchar el *Mesías* de Handel.

Los objetos, vemos con alarma, no son pasivos o inanimados, se mueven porque son, a veces, sujetos humanos (como la mano de *El ángel exterminador*) en tanto percepción deformada de un orden social que los ha convertido en objetos. En *Diario de una recamarera*, entonces, el viejo duque que emplea a Celestine tiene una fijación fetichista con el calzado. Y el fetichismo, nos recuerda Freud, puede significar que el deseo es sustituido por el objeto, que el objeto se sublima, e incluso, puede ser parte del trabajo del sueño.

Celestine lo observa todo y no la engaña nada. El desfile de disfraces sexuales, decoraciones morales y distorsiones sociales pasa ante su mirada fría e irónica. Sólo al terminar la película, cuando todos los sucesos aislados se reúnen como una realidad política —el ascenso del fascismo— comprendemos que Buñuel ha apuntalado el horror político en el terror personal.

La casa de Buñuel en México es tan despojada como un monasterio. La recámara, en efecto, es monacal: un lecho duro, sin colchón. Buñuel sentía gran aprecio por su colección de pistolas de los siglos XVII y XVIII. Confiaba demasiado en sus armas. Un día quiso probar una de ellas disparando contra su hijo Juan Luis y el muchacho le dijo: "Papá, primero dispárale al libro de teléfonos". Buñuel lo hizo y perforó el tomo telefónico. Cuando recibió el León de Oro del Festival de Venecia en 1967, nos dijo a Juan Goytisolo y a mí: "Ahora derretiré el premio para fabricar balas".

En vez de balas, hay una foto irrepetible de Buñuel en Hollywood, tomada durante un almuerzo en casa de George Cukor. Allí están Ruben Mamoulian, Billy Wilder y Alfred Hitchcock, quien le reveló a Buñuel que su fascinación con la pierna perdida de Tristana lo llevó a filmar una pierna de mujer, colgando de un camión en fuga, en *Frenzy* (1972). Buñuel, por su parte, visitó a Fritz Lang, cuya película *Las tres luces* (1921) decidió la manera fílmica de Buñuel.

De nuevo, mira el retrato que le hizo Dalí y ahora añade con sequedad:

—Lo conservo por razones sentimentales.

Buñuel tenía una debilidad hacia la anarquía. Por ello le deleitaban las películas de Buster Keaton: el cómico con cara de palo en medio de desastres incontrolables. Sobre él escribió Buñuel: "La expresión de Keaton es tan modesta como la de una botella. Sólo que en los círculos claros y rotundos de su mirada, su alma ascética hace piruetas". Otros dos favoritos de Buñuel eran Laurel y Hardy, ángeles exterminadores de pastelerías, automóviles y mansiones suburbanas.

Sin embargo, Buñuel era un anarquista pensante y hasta práctico. En teoría, me decía, sería maravilloso volar el Louvre. "En la práctica, mataría a quien lo intentase". Y añadió:

—¿Por qué no sabemos hacer distinciones prácticas entre las ideas y la acción? ¿No se bastan a sí mismos los sueños? Nos volveríamos locos si le pidiéremos a cada sueño de la noche que se volviese realidad de día…

¡Asómbrame! Me contó Buñuel que visitó a André Breton moribundo en su cama de hospital. Breton tomó la mano de Buñuel y le dijo:

—Mi amigo, ¿se ha dado cuenta de que nadie se escandaliza ya de nada?

Un hombre anciano, sentado en la penumbra de un cuarto de hotel, dice en voz quebrada y burlona, "Mi odio a la ciencia y la tecnología me devolverá la abominable fe en Dios…"

—Ése soy yo —Buñuel me codea con gracia cuando vemos juntos la película.

Luis vivió los últimos días de su vida hospitalizado y conversando con el sacerdote dominico Julián Pablo.

"Buñuel fue más allá de la religión formada, pero también más allá de la religión formal, pero también más allá de la formalidad mundana, para tocar la grandeza, la servidumbre y la libertad del alma humana".

Pero antes, un grupo de amigos se ha reunido para celebrar a Buñuel en su 77 aniversario. El sitio es un lugar favorito de Luis, el restorán *Le train bleu* de la Gare de Lyon en París. Están ahí Julio Cortázar, Gabriel García Márquez, Milan Kundera y Regis Debray.

Se establece una suerte de tensión amistosa entre el joven Debray y el viejo Buñuel. Como si Debray viese en Buñuel al hombre joven, temiendo que Buñuel viese en Debray al hombre viejo. Acaso por ello Debray se dirige a Buñuel con una violencia cordial.

"Usted es el culpable, Buñuel, usted con sus obsesiones. Sin usted, nadie se acordaría de la Santísima Trinidad, la Inmaculada Concepción o las herejías gnósticas. Sólo gracias a sus películas la religión es aún arte, aún cultura…".

Buñuel sonríe como el gato de Alicia, resistiéndose a desaparecer. Sabe que él y Debray se hacen la misma pregunta: ¿cómo llegar a los 77 años sin caer en la tentación que el mundo te ofrece como un obsequio envenenado: la falsa gloria de ser lo que la leyenda dice que eres? Padre de la Iglesia, Buñuel. O rebelde consagrado, Debray.

Y la segunda pregunta es esta: ¿Se pierde la juventud? ¿O se gana tras un largo y difícil aprendizaje?

Magister dixit

José Campillo estaba demasiado cerca de nosotros; sería, entonces, un hombre de poco más de treinta años y era difícil otorgarle la severidad magisterial que él mismo, con razón, exigía en esa cueva de vaciladores, léperos, inconscientes y tarugos que a veces era su clase de Derecho del Trabajo. La selección ya no era la máxima virtud de la Universidad; un populismo mal entendido abría con demasiada comodidad sus puertas a muchos jóvenes que terminarían como lumpemproletariado profesional. Las exigencias de admisión, asistencia, redacción, investigación y exámenes son igualmente altas en Moscú, Pekín y Harvard: una educación diversificada y racional no priva a nadie de oportunidades; al contrario, las multiplica a niveles proporcionales con las exigencias reales del desarrollo de una nación. Pero México, decía Alfonso Reyes, es un país muy formalista, y el título profesional es el asa con la que los demás levantan la copa de nuestra identidad: "Señor Licenciado".

Pepe Campillo asustaba a los tigres que malamente podían leer el periódico deportivo *Esto* pero reservaba su extraordinaria gentileza personal para las horas fuera de clase en las que su casa se abría para los alumnos interesados de veras en el derecho como parte del saber humano. Pepe Campillo era amigo muy cercano del trágico, vibrante y socrático Jorge Portilla, el más brillante filósofo mexicano de su generación, un católico apadrinado por Nietzsche y Dostoyevsky. Con él, con Campillo, con Raúl Medina Mora, algunos miembros de mi generación descubrimos la realidad de la cultura cristiana en México. A menudo reducida a bandera de vituperio encarnizado, de mera posición ideológica, de justa limitación por la sociedad civil, la civilización católica aparecía en las discusiones del grupo de Campillo como una construcción racional estremecida por una sospecha trágica. Sentí entonces que, acaso, sólo el catolicismo nos ofrece a los latinoamericanos la posibilidad de ese conflicto entre valores igualmente justos que es la esencia de lo trágico. ¿Cómo trascender el maniqueísmo clerical, bien contra mal, para llegar al cristianismo trágico, bien contra bien? Tal era la modernidad magisterial de Pepe Campillo; era casi un chamaco como nosotros por esto y porque bebía, reía, leía lo mismo que nosotros, nos entendía.

Mario de la Cueva

Mario de la Cueva se encontró en el justo medio, en la distancia necesaria que nuestra generación necesitó para ser eso, una generación, es decir, un grupo de unidades diversas y de diversidades únicas. Había un elemento profundamente conmovedor en el maestro De la Cueva: su soledad, traducida de inmediato a una suerte de desamparo que era una espera. Todos, intuitivamente, lo llamábamos "el Maestro", "el Maestro De la Cueva", porque adivinábamos que nos estaba esperando, que dependía de nosotros, de todos nosotros, como generación, como grupo. Su elegancia y discreción eran muy grandes; nunca nos hizo sentir que, también, nosotros dependíamos de él. Y sin embargo, ésta era y es la verdad. Creo que nadie me desmentirá cuando digo que Mario de la Cueva fue un maestro que nos hizo sentir que su misión como educador dependía de nosotros. Lo repetía siempre en relación con una generación pasada de la joven cultura mexicana: la que se reunió alrededor de Mario de la Cueva en la revista *Tierra Nueva*: José Luis Martínez, Alí Chumacero, Jorge González Durán, Leopoldo Zea... De la Cueva hablaba de esa revista, de esos escritores, como de un fuego que lo había iluminado. Valdría añadir: ellos lo acompañaron, ellos lo esperaron a él.

Nosotros, escritores, oradores, juristas, políticos, periodistas en ciernes, teníamos cierta envidia de esa famosa generación de *Tierra Nueva*. Martínez era el crítico literario por excelencia en el México de los cincuentas; Chumacero, un poeta secreto y esbelto, formalmente perfecto y sustancialmente turbulento;

González Durán, el poeta de una insatisfacción tormentosa, otra vez (signo mexicano) dominada por un deseo de clasicismo; Zea, el historiador de la filosofía, el ordenador de nuestra casa mental y sus rémoras positivistas. ¿Íbamos a ser tan "chingones" como ellos? ¿Más? ¿Menos? ¿Íbamos a ganarle a la generación favorita del Maestro De la Cueva? ¿Íbamos a estar a la altura del Maestro, de sus exigencias, de su soledad, de su espera?

No era, por lo demás, un hombre de aspecto simpático. "Chato" le decían y chato era, chato como una tortilla, chato cara de manazo, con un aspecto a menudo feroz, canino, subrayado por su mimetismo prusiano, sus gestos a menudo cortantes, sus frases severas. Alemania era su modelo cultural, su momento de formación pero también, lo adivinábamos, su instante de ternura, de debilidad, de frágil reconocimiento. En la filosofía alemana encontraba De la Cueva su asidero intelectual; conocía admirablemente la lengua y la literatura germánicas; tenía algo del clásico profesor de gimnasio o del docente que asociamos, en las novelas de principios de siglo, con las facultades de Leipzig o Heidelberg. Colorado de tez, perdiendo el tono rubio de una cabellera tiesa, de oficial a las órdenes de Von Moltke, amante de la cerveza y la *choucrout*, a veces cercano a esa manifestación del espíritu germano que se llama el *gemütlich*, De La Cueva era también un mexicano clásico, de esos que nunca aparecen en las caricaturas norteamericanas o en las operetas francesas, un mexicano tan clásico por ajeno al clisé del bigotudo empistolado como, digamos, Juan Goytisolo y Jorge Semprún lo son del español de pandereta, o Michelangelo Antonioni e Italo Calvino del napolitano de feria.

A medida que su amistad se afirmaba, el perfil castizo de Mario de la Cueva se iba revelando como un conflicto entre las dos tendencias de nuestros orígenes políticos independientes. Desde 1810, todo mexicano es un poco conservador, es decir, defensor de los privilegios y de la tradición y guardián celoso de la integridad nacional contra la fuerza modernizante e imperial de Estados Unidos, y por ello, cercano a la cultura política y estética de Europa como contrapeso de la vecindad norteamericana; y es también un poco liberal, es decir, enemigo de los privilegios, modernizante, aliado natural de la democracia igualitaria, antiaristocrática y populachera de Estados Unidos. Las trasposiciones de algunos de estos términos explican buena parte de nuestra historia política e intelectual.

Creo que por primera vez, como discípulo y amigo de Mario de la Cueva en la escuela de San Ildefonso en los años cincuentas, pude hacerme una idea viva de este conflicto. Pues, del conservador mexicano clásico, De la Cueva lo tenía todo, menos el apego a un orden de privilegios; y del clásico liberal, todo menos la confianza excesiva, o la ausencia de caución, respecto a la manera de tratar con los norteamericanos. Más bien dicho: era un hombre en el que la tradición cultural no quería reñir con los riesgos de la modernidad; era un conservador que exigía como primera condición de la estabilidad la verdadera justicia, por revolucionaria que fuese; era un liberal que se negaba a entronizar al porvenir como dios de una sociedad que, sin pasado, carecía de futuro. Era un nacionalista cuyas exigencias de justicia comenzaban adentro de nuestra casa, porque en la justicia interna estaba el primer baluarte contra la injusticia externa.

En efecto, para Mario de la Cueva los valores de la civilización —la tolerancia, la imaginación, la convivencia, la creación, el amor— no eran posibles sin una base en la justicia. No creía De la Cueva en utopías de justicia instantánea; tampoco se dejaba engañar por utopías de justicia infinitamente pospuesta en el porvenir a cambio del imperio, en nombre de la justicia, de la Razón de Estado. Más modesta, pero más exigente, su idea de la justicia como base de la civilización sólo era posible en una actualización diaria —en el trato con los semejantes; en la demanda hoy, no mañana, del trato debido para este niño hambriento, para este joven iletrado, para esta mujer ofendida, para este hombre despojado— que convertía a la justicia, aliada con la cultura, en la definición de la libertad. No, De la Cueva no imaginaba nada en términos de filantropía pasajera. Su justicia se formalizaba en leyes, instituciones y práctica del derecho. Pero ese derecho auténtico no podía ser ni una evocación nostálgica ni una promesa engañosa. La libertad, la justicia y la cultura tienen lugar hoy o no tienen lugar nunca. Tal es la condición para que tengan lugar, realmente, mañana.

No daba Mario de la Cueva esta lección en abstracto. Para mí, su imagen moral e intelectual se prolonga y actualiza en algo muy importante en un país como México: De la Cueva no era un hombre interesado en el dinero. Toda su vida tuvo lo necesario para vivir, leer, escribir, viajar, enseñar. Pero nunca vivió para ganar dinero. Vivíamos en los años cincuenta, en San Ildefonso, con él, en un México balzaciano, pero aún no babilónico en su desfiguración glotona por obra del lucro. Cuando quería elogiar a un joven, De La Cueva decía: "Le importa la cultura, no el poder o el dinero". Yo lo digo ahora sobre él y en su honor. Para De la Cueva era más importante decir la verdad que callar por conveniencia; era más importante leer a Schopenhauer que leer una cuenta de banco; era más importante poseer la emoción de un cuarteto de Schubert que poseer un castillo rococó en el Pedregal; era más importante la riqueza de la intimidad que la de la apariencia; el poder estaba en lo que uno mismo decía, escribía o pensaba, no en lo que se decía, escribía o pensaba sobre uno; el poder no consistía en disciplinar a los demás, sino disciplinarse a uno mismo; no existía poder sobre la nada: la política era trato entre iguales, no humillación del débil por el fuerte.

Sobre este temperamento, con estas ideas, nos dio Mario de la Cueva, a muchos de nosotros, nuestras primeras armas intelectuales. Decidió celebrar con honor y juventud el IV Centenario de la Facultad de Derecho que entonces dirigía. En el concurso de ensayos que organizó, muchos de nosotros pudimos decir y publicar por primera vez lo que pensábamos de nuestro país y del mundo. Nos dio una revista, *Medio Siglo*, que nombró, situó y proyectó a nuestra generación. Nuestra generación: Víctor Flores Olea, Porfirio Muñoz Ledo, Salvador Bermúdez, Sergio Pitol, Xavier Wimer, Enrique González Pedrero, Genaro Vásquez, Arturo González Cosío, Salvador Elizondo, Marco Antonio Montes de Oca, Mario Moya Palencia.

Mario de la Cueva, en su inteligencia que era, como escribió Gorostiza, "soledad en llamas", no sólo concibió: creó. Lo cierto es que él nos creó a nosotros. Mostraba un orgullo enorme, una verdadera emoción, ante el destino de algunos de esos alumnos que se convirtieron en sus amigos de toda la vida. Ese orgullo nunca será comparable al que todos y cada uno de nosotros sentimos por el maestro que lo fue constante, dentro y fuera del aula, antes y después de los años de universidad. Quizá su orgullo por algunos de nosotros no sea justificado. Lo cierto es que nosotros podemos, para siempre, sentirnos orgullosos de Mario de la Cueva.

Yo salí de la escuela de San Ildefonso sabiendo mejor quién era y qué quería gracias a Mario de la Cueva; gracias, también, a la generación de amigos nutrida por la soledad, la inteligencia, la disciplina y el fervor de justicia de Mario de la Cueva. Ahora que el gran maestro y jurista mexicano, el constitucionalista, el internacionalista, el director de la Facultad de Derecho de la UNAM, el autor del *Derecho Mexicano del Trabajo*, el delegado a Bogotá, el articulista disidente se ha ido, digo lo que le debo y lo que aún me falta por pagarle.

Manuel Pedroso

Asocio a don Manuel Pedroso, de manera inmediata, con largas caminatas que recrean en mi espíritu lo que aparentaba la Ciudad de México hacia 1952. Don Manuel era un maestro al estilo medieval. Un profesor que no cerraba la lista de asistencia al terminar la clase, sino que proseguía su magisterio acompañado siempre de al menos media docena de alumnos, de la Facultad de Derecho en la calle de San Ildefonso hasta la casa de don Manuel en la colonia Cuauhtémoc.

Hablo de Manuel Pedroso y su soberana inteligencia europea. Pedroso fue Gibraltar en la Facultad de Derecho. Cuando las olas del derecho mercantil amenazaban con anegar mi pobre espíritu literario, Pedroso me dirigía a la lectura de Balzac y la tormenta se calmaba: toda la realidad, todo el drama del comercio eran supremamente inteligibles a través de la novela de César Birotteau. Contra el atiborrado ambiente, Pedroso ofrecía una selección severa: bastaba, decía, leer tres libros en la clase de Teoría del Estado para entender el tema: *La república* de Platón, *El príncipe* de Maquiavelo y *El contrato social* de Rousseau.

Pero Manuel Pedroso, su gracia andaluza, su ocasional severidad teutona, sus guiños tropicales, sus tardes de café, confidencia y Kant y España dolorosa y perdida, no era sólo nuestro. Era el de su larga carrera en la educación y la diplomacia españolas, lector de la Universidad de Sevilla, embajador en Moscú y Caracas, traductor de Dilthey y Marx. Era el de sus nostalgias indivisibles, era de todos los secretos que nosotros no podíamos entender en el alma de la Europa devastada por el fascismo. Pedroso le pertenece a muchas generaciones en la Escuela de Derecho; pero fue de algo más que no estaba allí, que quizás había muerto con la aparición de los nazis en el seno de la civilización alemana, y que Pedroso —éste era su semblante trágico, su asociación discreta con el dolor— mantenía vivo con la memoria y la enseñanza, como si entendiese que la muerte no nos priva de un futuro, sino de un pasado. Éste era el sentido heroico de sus clases, de su conversación, de su biblioteca: proclamar la vida de estas ideas, de estos libros, a pesar de Franco, a pesar de Hitler. No sé si fuimos dignos de Pedroso. Nos rebasaba, nos precedía demasiado, nos anunciaba demasiado. ¿Cómo íbamos a ser universales a los veintiún años? Pero, ¿cómo íbamos a pensar en términos que no fuesen universales (aunque fracasásemos en nuestro intento) después de frecuentar a Don Manuel?

El café que nos aguardaba en el quinto piso de la calle de Amazonas donde don Manuel y Lita, su mujer, caminaban, comían, conversaban, recibían, entre paredes cargadas de libros, cumpliendo así el *desideratum* de Jorge Luis Borges (o Borgués): el Paraíso es dormir rodeado de libros.

No eran, los de don Manuel, libros a secas. Eran joyas recuperadas. Eran tomos vueltos a nacer. La gran biblioteca de Pedroso en Sevilla, donde era rector de la Universidad, fue saqueada e incendiada por las tropas bárbaras del general Franco, eco comprobable del grito igualmente bárbaro del cosido y recosido general Millán Astray: "Muera la inteligencia". En esa hoguera de libros, en ese aullido de la muerte, se cifra no sólo el discurso del fascismo español, sino la razón —simbólica y fáctica a la vez— del éxodo republicano que trajo a Pedroso a nuestras tierras.

¡Cuánto nos dieron esos seres excepcionales que no se rindieron jamás ante la dictadura, sino que la avergonzaron para siempre y la desnudaron por completo! Se fueron los mejores, pero al irse no abandonaron a España. Fueron ellos y ellas, la España Peregrina que reservó sus frutos para un futuro español mejor y los entregó a un mejor presente mexicano.

Emilio Prados, Luis Cernuda, Miguel Altolaguirre, Agustí Bartra, León Felipe, poetas; Max Aub, narrador; Adolfo Salazar, musicólogo; Luis Buñuel, cineasta; Francisco Giner de los Ríos, arquitecto; José Moreno Villa y Elvira Gascón, pintores; Margarita Nelken y Ceferino Palencia, críticos de arte: Cipriano Rivas Cherif y Álvaro Custodio, promotores teatrales; José Gaos, Eduardo Nicol, Gallegos Rocafull, María Zambrano, filósofos; Joaquín Díez-Canedo, Juan Grijalbo, Eugenio Ímaz, editores; Eulalio Ferrer, publicista; y los juristas y profesores de derecho Néstor de Buen, Luis Recaséns Siches, Niceto Alcalá Zamora, Mariano Ruiz Funes y Manuel Pedroso.

Don Manuel se había formado en Alemania, de acuerdo con el proyecto europeísta de Ortega y Gasset, destinado por un tiempo corto en años y largo en trascendencia, a desmentir el dicho: "África empieza en los Pirineos" y a recuperar una tradición abierta y civilizatoria, interrumpida una y otra vez por la España inquisitorial, racista, de hidalga incuria y cerrazón eclesiástica; y recuperada una y otra vez también por el humanismo indoblegable de Jovellanos, el sueño de la razón de Goya, la perspectiva crítica de Blanco White y la narración de la nación por Pérez Galdós y Leopoldo Alas "Clarín".

A veces, ser aristócrata y de izquierda es una garantía contra la corrupción y don Manuel fue eso. Jamás sacó a relucir su título de nobleza. Tampoco, su militancia socialista. Pero ambas —alcurnia de sangre y conciencia de pueblo— configuraron las preferencias intelectuales de Pedroso y, lo que más contó para nosotros, sus estudiantes privilegiados, su manera de impartir enseñanza.

Debo admitir que muchos de nosotros, a principios de los cincuenta, teníamos serias reservas acerca de los métodos de enseñanza en la Facultad de Derecho. Algunos, como Flores Olea, González Pedrero y yo mismo, habíamos pasado ya por universidades europeas donde pervivía el estrecho contacto entre maestros y alumnos, como sucedió en las primeras universidades del Viejo Mundo, Bolonia y París. Nuestra Facultad de Derecho sufría de plétora, debido al gran número de estudiantes (índice de una generosa apertura) pero sin la organización de grupos más reducidos que mantuviesen contacto más estrecho con sus profesores. No era el número el problema, sino la plétora de clases de cien o más alumnos, en vez de tener más cursos de veinte alumnos.

A unos veinte limitaba don Manuel sus cursos de Teoría del Estado y Derecho Internacional Público. La calidad se conllevaba con la cantidad. Y, lo que es más importante, Pedroso no atiborraba a los estudiantes del indigesto total de la teoría política de Platón a Gramsci, manera de saberlo todo sin entender nada. Pedroso nos limitaba a la lectura de tres libros esenciales, los ya mencionados.

—Leamos a fondo tres libros durante el año y sabremos más de teoría del Estado que si pasamos volando sobre cuarenta autores.

Ahora bien, ¿por qué sólo tres autores y por qué esos tres autores?

Sólo tres porque Platón, Maquiavelo y Rousseau son filósofos de frontera, situados en el filo de la navaja entre épocas distintas, pensadores de transición de un tiempo a otro diferente, ubicados, como dice el poeta romántico francés Alfred de Musset, del fin de la era napoleónica en Francia, con un pie en el lodo y el otro en el surco.

Y sólo tres porque cada uno era un centro solar en tomo al cual giraban otros grandes pensadores, iluminados, así fuese controversialmente, por las lámparas del griego, el florentino y el ginebrino.

Platón representa tanto la culminación como la crisis del ideal de la *paideia*, es decir, de la educación en su más alto grado espiritual. Lejos ya del ideal heroico de la epopeya homérica, Platón inserta el ideal educativo no en un origen épico ni en un desenlace político, sino en la continuidad de un ideal de cultura como principio formativo del individuo, pero del individuo, precisamente, en sociedad.

Pedroso daba al pensamiento platónico como paideia o ideal formativo del individuo y la sociedad, un amplio devenir histórico. Los valores de la educación ni aparecen ni se cumplen por *fiat* divino. No son instantáneos. Requieren tiempo, y el tiempo es definido por Platón como la eternidad —cuando se mueve.

Evocaba Pedroso el gran libro de Werner Jaeger, *Paideia, los ideales de la cultura griega*, para describir el ideal de una educación naciente "que se desarrolla en el suelo de un pueblo y persiste a través de los cambios históricos". La educación en la ciudad, es decir, política, en la polis, "recoge y acepta todos los cambios de su destino y todas las etapas de su desarrollo histórico. "Sería un error fatal ver en la voluntad de forma de los griegos una norma rígida y definitiva", concluye Jaeger.

Creo que esta lectura de Platón es esencial para entender el pensamiento de Pedroso y la cualidad de su magisterio. No pasaba por alto don Manuel los aspectos negativos de un determinado pensamiento político. Por ejemplo, la propuesta aristocrática de *La República* ha de ser considerada en su contexto histórico y aun nominativo. Para Platón, aristocracia es el gobierno de los mejores, en contradicción con timocracia (el Estado militar), oligarquía (el Estado plutocrático) y democracia (que en el vocabulario platónico se asimila a la voluntad irresponsable).

Pero si estas son categorías nacidas de la crisis de la Ciudad-Estado griega, hay valores que las trascienden y que se proyectan más allá de cualquier coyuntura. En el *Gorgias*, Sócrates lo explica: La ética es la regla soberana de la vida pública y privada, en oposición al oportunismo. Si para Platón la ética política adopta la forma del Estado aristocrático como para nosotros encarna en el Estado democrático, lo cierto es que, más allá del nominalismo, Platón le propone a *La República* —la suya y la nuestra— el problema ético de la justicia. ¿Quiénes son, pues, los gobernantes ideales de la república de Platón? Son los filósofos. Primero, porque tienen una idea más clara de la justicia como forma del Bien. Segundo, porque se sujetan a la severidad de la dialéctica, que en Platón, notoriamente, se da en el proceso del diálogo. Y el diálogo, al desarrollarse mediante preguntas y respuestas, asegura la sabiduría, el conocimiento y la educación.

Pongo este ejemplo de cómo Pedroso podía, sin traicionar la circunstancia histórica de una obra de teoría política, insertarla en un devenir dialéctico que se sostiene en las formas conjugadas de la ética y de la educación. La circunstancia política se desvanece. La verdad ética permanece y su nombre es *educación para la justicia.*

La propedéutica del maestro Pedroso vuelve a brillar en su interpretación de la segunda obra de nuestro año universitario: *El príncipe* de Maquiavelo. La mala fama que acompaña como una sombra fatal a este libro parte de una confusión. Maquiavelo no nos está diciendo lo que *debe* ser (como Tomás Moro en su *Utopía*) ni lo que *puede* ser (como Erasmo de Rotterdam en su *Elogio de la locura*) sino, llanamente, *lo que es*. Claro que el florentino tiene un propósito ulterior y éste es la unificación de Italia, hecho que sólo ocurrió tres siglos después de la publicación de *El príncipe*.

Platón escribe en la era crítica de Grecia: perdida la epopeya, sufrida la tragedia, el Estado-Ciudad transita incierto entre la cultura del pasado y la cultura por venir.

Maquiavelo escribe cuando las grandes promesas del humanismo renacentista —todo es posible, sólo despreciamos lo que ignoramos— son negadas por las necesidades de los nuevos Estados-Nación beligerantes y colonizantes.

Juan Jacobo Rousseau, finalmente, escribe a medida que se abre la honda fisura entre el poder absoluto de los reyes y la aspiración revolucionaria de la democracia y los derechos humanos. Escribe en vísperas de la crisis de la antigua economía agrícola y artesanal y el despertar de la revolución industrial. Escribe entre la corte real de Luis XV y la corte burguesa de Honoré de Balzac.

Rousseau es el padre del Romanticismo, y la esencia de este gran movimiento que pervivió hasta el siglo XX es la restauración de la unidad perdida. Alguna vez, en la Edad de Oro, el hombre era dueño de su propia unidad. Ahora, vive disperso. Antes, el hombre era libre. Ahora, está en cadenas. ¿Cómo restaurar, si no una completa y quizás ilusoria unidad perdida, al menos una semblanza de identidad recuperada?

Mediante un contrato social dictado por una soberanía popular inalienable y, sobre todo, no delegable. Al contrario de los pragmáticos ingleses o el sereno Montesquieu, el romántico Rousseau no admite que la soberanía sea objeto de representación fuera de su origen mismo, el pueblo. Si culturalmente el Romanticismo busca restaurar la totalidad perdida, políticamente esa totalidad indelegable puede desembocar en el totalitarismo.

"Una humanidad liberada no sería, de manera alguna, una totalidad", advierte T. W. Adorno. Y añade: "Un mundo justo sería intolerable para cualquier ciudadano de nuestro mundo fallido". Y concluye el filósofo de Frankfurt: "Estamos demasiado dañados como para ser redimidos".

Si cito a un filósofo moderno es porque Adorno me abre la puerta a una dimensión romántica —la sensual— que acaso, para Pedroso, redimía al filósofo de Ginebra de lo que hoy llamaríamos la tentación totalitaria.

Porque Pedroso, con su aspecto de figura pintada por El Greco, su porte de caballero español con la mano en el pecho, su dignidad generosa semejante a la del Caballero del Verde Gabán en el Quijote, era también un sensualista romántico, un rousseauniano cuyas confesiones exploran un Paraíso sin Dios pero con muchas Evas.

El corazón tiene su propia historia, escribe el ginebrino en sus *Confesiones* de 1770, y la historia del corazón no puede ser agotada por el pensamiento porque su propósito, el objetivo increíble del alma, es ni más ni menos que la recuperación del Paraíso, y el Paraíso de Rousseau son las recámaras donde las bellas mujeres se confiesan a Rousseau y Rousseau se confiesa a ellas.

¿Cuál es el contrato del amor?

¿Y cuál, su soberanía?

Yo imagino que Manuel Pedroso, quien celosamente guardaba retratos de algunas inquietantes mujeres del Berlín que se coronó de placeres entre la Constitución de Weimar y el estreno de *El Ángel Azul* con Marlene Dietrich, asociaba secretamente su interés hacia Rousseau el filósofo con su pasión hacia Rousseau el amante.

Acaso este nervio sensual le hacia admirar a Rousseau ayer más de lo que, después del trágico siglo XX, le admiramos hoy. Pero esto me devuelve a la inteligencia de don Manuel para extraer del pensamiento político una verdad no anclada en determinada época, sino fluida, capaz de decirnos algo importante hoy.

Y para Pedroso la importancia actual de Rousseau era que fue el primer teórico moderno de la soberanía —por no decir, el descubridor de ese continente del derecho público.

Sin embargo, nada le ha sido criticado con mayor vehemencia a Rousseau que su teoría de la soberanía. El poder soberano, escribe

Rousseau, es por esencia ilimitado. "Lo puede todo o no puede nada". El pueblo soberano es la autoridad legislativa de la comunidad. La soberanía es inalienable e indivisible. La voluntad general, por ello mismo, no puede ser atribuida a nada y a nadie.

Una mala lectura de Rousseau ha conducido a creer que el filósofo no admite limitación alguna a las prerrogativas del pueblo soberano. Pedroso sabía que esto no era así, porque ello conduce a la tiranía de la mayoría, de acuerdo con la famosa crítica de Rosa Luxemburgo a Lenin: "La libertad sólo para quienes apoyan al gobierno, sólo para los miembros del partido, por numerosos que éstos sean, no es de ninguna manera libertad. La libertad es siempre y exclusivamente libertad para los que piensan distinto".

¿Fue culpable Rousseau de proponer precisamente una tiranía de la mayoría contra la minoría? Pedroso argumentaba contra esta crítica con un razonamiento vigoroso y simple: la existencia de la soberanía depende de la calidad de la voluntad general y ésta no es excluyente, es incluyente y encarna el deseo compartido por todos de alcanzar el bien común. La soberanía política no deja afuera a nadie.

La importancia que Pedroso daba a Rousseau como primer teórico moderno de la soberanía se relacionaba íntimamente con las enseñanzas de nuestro profesor acerca del derecho internacional, donde, lo olvidamos con frecuencia, la soberanía es un concepto limitante del poder internacional de los Estados, no una autorización a proceder sin límites.

Evoco la sabiduría internacionalista de Manuel Pedroso para advertir contra los riesgos de la doctrina del ataque preventivo, que introduce el principio de inestabilidad e incertidumbre permanentes en el mundo.

Evoco a don Manuel para recordar que sólo el consenso entre Estados y el respeto a la ley dan legitimidad a la fuerza y fuerza a la legitimidad.

Evoco las convicciones de mi maestro para que todos luchemos por un orden internacional basado en el derecho, la cooperación y la justicia.

Era nuestro amigo, el de todos los que pasamos por su cátedra. Como el Diego de Miranda de la epopeya cervantina, distinguía y comprendía a cada uno. Se enteraba de la forma de ser personal de cada alumno y a cada uno lo encarrilaba por su senda real.

—Maestro —le dije un día—, mi vocación es ser escritor, no abogado. Me cuesta un chingo entender el Código Penal y el Código Mercantil.

—No te preocupes —me contestó Pedroso—. Lee a Dostoyevsky y entenderás el derecho penal. Lee a Balzac y entenderás el derecho mercantil.

Descubría al internacionalista y le hacía comprender, para siempre, que el objeto de su vida era luchar por un orden de paz en la justicia. Descubría al escritor y electrizaba su vocación con un sentido de trabajo arduo y responsabilidad permanente. Descubría al investigador y aceraba su espíritu para las tareas de la verdad y la crítica. Nunca un maestro dio tanto a tantos.

Ignacio Chávez

¡Ay de los jóvenes que no tienen maestros! En mi generación, la del Medio Siglo en la Facultad de Derecho de la UNAM, mis compañeros y yo tuvimos la inmensa fortuna de contar, por lo menos, con tres grandes maestros: Mario de la Cueva y José Campillo en el arte de la jurisprudencia, y Manuel Pedroso en el arte de la vida, la lectura y el diálogo, que él encubría bajo el rubro abarcador de Teoría del Estado.

Ellos nos dieron un sentido de la justicia, de la vida pública, del lenguaje social y de la inseparable pertenencia del Derecho a las Humanidades.

Como escritor joven, yo tuve la suerte de contar con otras dos influencias mayores en mi formación. En primer término, la de Alfonso Reyes, miembro fundador de El Colegio Nacional, a quien Jorge Luis Borges llamó, con toda razón, el mejor prosista de la lengua castellana en el siglo pasado. Don Alfonso, de quien me separaban cuarenta años, era amigo cercano de mi familia, y me dispensó, desde la niñez, atención y enseñanzas que nunca podré pagar. Con razón dice de él uno de mis compañeros de generación, Sergio Pitol, en su admirable libro *El arte de la fuga*:

"Debo a nuestro gran polígrafo y a los varios años de tenaz lectura la pasión por su lenguaje: admiro su secreta y serena originalidad, su infinita capacidad combinatoria, su humor... Era tal su discreción, que muchos aún ahora no acaban de enterarse de esa hazaña portentosa, la de transformar, renovándola, nuestra lengua".

Éstas —en el derecho, en la literatura— eran correspondencias naturales, evidentes, que contrastaban con la falsa oposición, en boga por aquellos años, entre la ciencia y las humanidades, "las dos culturas" en el famoso libro de C. P. Snow. Alfonso Reyes, cuyo genio civilizador, aunado a un estilo insuperable, le permitió traducir la cultura de Occidente a términos y lenguaje hispanoamericanos, publicó por aquellos años un precioso libro que trascendía, al seguir la trayectoria de Goethe, la falsa polémica entre "las dos culturas".

Marcos Moshinsky recordaba, evocando sus años de estudiante en Princeton, que hombres de ciencia allí presentes, como Einstein, Oppenheimer y Niels Bohr, eran grandes lectores, humanistas cabales. No muchos escritores son conocedores de la ciencia; deberíamos aprender de los científicos.

En Goethe, Reyes encontraba al escritor y al científico que no violentaba a la naturaleza sino que, en las palabras de Albert Schweitzer —otro hombre de ciencia y humanismo—, nos invita a encontrar nuestra ubicación en la naturaleza mediante un acto de simpatía que nos permita afirmar conjuntamente el espíritu humanista y el trabajo científico. Tanto ciencia como humanismo se sustentan en la naturaleza. El puente entre ambos es la moral.

Estos conceptos describen perfectamente al doctor Ignacio Chávez. Recuerdo la primera vez que, adolescente aún, visité su casa en la esquina de Reforma y Río Neva. Mis amigos y yo no íbamos allí atraídos ni por las ciencias ni por las humanidades, sino por las reuniones que ofrecía la muchacha más bella de nuestra generación: Celia, la hija del doctor Chávez.

No obstante, sin mengua de este motivo ideal, primordial e insustituible, pues unos ojos verdes valen más que toda la ciencia y literatura del mundo, nunca olvidaré el momento en que entré por primera vez a la biblioteca del doctor Chávez y no me encontré, como mi temprana, aunque primitiva, imaginación gótica pudo suponerlo, con esqueletos o cartas fisiológicas (ni con cráneos recién desenterrados), sino con una espléndida colección de literatura en castellano, francés e inglés y con un retrato del doctor Chávez por Diego Rivera donde don Ignacio aparecía, como era la costumbre en los retratos del pintor guanajuatense, con dos pies izquierdos.

Me encontré también con varios lienzos de Orozco y con una gran cabeza del joven Victor Hugo en bronce. ¿Qué hacían en el estudio de un eminente médico los clásicos griegos y latinos? ¿Qué hacía allí la cabeza del gran escritor romántico, conciencia de la oposición política a Napoleón III, portador de todo el dolor y la esperanza de los miserables de esta tierra, Victor Hugo el exiliado, el enamorado y *hélas*, como exclamó Jean Cocteau, el mejor poeta de la lengua francesa? ¿Qué hacía el autor de *La leyenda de los siglos* presidiendo la intimidad intelectual de un cardiólogo mexicano? ¿Qué hacían allí esos cuadros del gran pintor jalisciense, animados de sagrada cólera contra las injusticias del mundo y de terrible sorna contra quienes las infligían?

En la penumbra del estudio de Ignacio Chávez, iluminado por los atardeceres cristalinos de aquel Valle de México, era posible entender la atracción y descifrar el enigma del hombre de ciencia humanista, el científico que era hombre de letras y de artes, que en Hugo discernía la gigantesca simpatía hacia el dolor humano y la desposesión dolorosa de las multitudes mexicanas, y en Orozco una rabia contra la injusticia que Ignacio Chávez, michoacano al fin, sabía dominar con una ironía tranquila, con una sonrisa cordial no desprovista de severidad, interesada en ver lúcidamente los males del mundo con toda la pasión de un Victor Hugo o un Clemente Orozco, pero también con toda la serenidad de un Copérnico mirando la revolución de los astros o de un Esculapio examinando las entrañas del gallo que le ofreció Sócrates.

En Chávez, la pasión y la distancia se equilibraban, al cabo, en el sentido del deber. Distancia para ver claro, pasión para sentir mucho, pero compasión para atender y curar los males de la criatura humana.

Era michoacano, digo, y esto contaba mucho en el carácter de Ignacio Chávez; en él se templaba la fogosidad tropical con la frescura de un lago profundo y la altura de un volcán sólo en apariencia apagado. Hombre de raíz indígena, mestizo, heredero de culturas muy antiguas y de gestas muy recientes, paisano de Melchor Ocampo y Lázaro Cárdenas, Ignacio Chávez le daba a su tierra natal los rasgos de una fuerza serena, a la vez memoriosa y anhelante.

Fue una fortuna para México que este michoacano de inteligencia precaria y voluntad inquebrantable coincidiese con un momento tan tenso y tan creativo de nuestra historia; el de la era posrevolucionaria, de 1920 a 1950. Es en este tiempo cuando el doctor Chávez estudia, se recibe, empieza a curar y empieza a construir. No lo habría hecho sin el concurso de la educación pública establecida por otro miembro fundador de El Colegio Nacional, José Vasconcelos, y sin la existencia de una Universidad Nacional reinaugurada, en las postrimerías del porfiriato, por otro ministro del ramo, Justo

Sierra, y regida, a partir de la presidencia de Emilio Portes Gil, por un estatuto autónomo.

Ignacio Chávez, es más, no habría sido el doctor Chávez que hoy recordamos y celebramos sin un Estado nacional que animó el surgimiento de las clases sociales modernas sobre las bases establecidas por los gobiernos de Obregón y la campaña nacional por la educación pública; de Calles y su fundación de estructuras financieras modernas y comunicaciones antes inexistentes; de Cárdenas y su liberación del trabajo, de la tierra y de la energía petrolera que le dio a la incipiente clase empresarial base para el crecimiento que alentaron Ávila Camacho y Alemán.

Entre estos paréntesis políticos crece y crea Ignacio Chávez, un joven pobre, brillante y prontamente maduro profesionista egresado de la Universidad Nacional, rector de la Universidad Nicolaíta de Morelia a los veintitrés años de edad, médico interno del Hospital General de la Ciudad de México, fundador y jefe del servicio de cardiología de esa institución, y eventualmente director general de la misma y director de la Facultad de Medicina de la UNAM. Un médico que no se contentó con el éxito privado, sino que pugnó por extender su ciencia a la naciente sociedad civil mexicana, con el apoyo decisivo del Estado nacional, sin cuyo concurso no habría levantado el Instituto Nacional de Cardiología, que fue la obra cumbre del doctor Ignacio Chávez. El hombre de ciencia humanista le dio a México una institución ejemplar, señera, que abrió caminos para la cardiología en todo el mundo.

Extraordinario organizador, el maestro Chávez dejó a su paso por las instituciones que creó y condujo un ánimo constructivo y modernizador ejemplar, reformas pedagógicas, escuelas de graduados, apertura de la enseñanza médica a los adelantos universales, renovación de la docencia y de la investigación, y todo ello con el concurso del Estado como he dicho, pero también de la iniciativa privada y de las asociaciones profesionales de todo el país, aunque sin perder nunca la independencia, ni la de Chávez el director de facultades, institutos y universidades, ni la del capital humano mismo, ese estudiante que el Maestro quería "rebelde a todo dogmatismo pero respetuoso de toda superioridad en el talento o en el saber".

De esta manera, en un solo hombre, en un solo creador —Ignacio Chávez—, se resolvían ante mi mirada admirativa las pugnas entre el origen y la oportunidad sociales, entre la rebeldía y la disciplina creadora, entre el talento individual y la tarea colectiva, entre las dos culturas —la científica y la humanista—, y entre el sector público y el sector privado.

Chávez, como México, crecieron sobre la base de educación, comunicación, infraestructura y propósito nacional del Estado posrevolucionario, que alentó, como Mazarino y Colbert en Francia, como Isabel I en Inglaterra, como

Andrew Jackson en Estados Unidos y como el Japón de la restauración meiji, el surgimiento de clases sociales modernas, reconociendo que el Estado y la empresa privada tienen ambos funciones propias, insustituibles y complementarias, pero que requieren un puente, una relación social clarificadora, una función intermediaria que le dé a ambos sectores, el público y el privado, su sentido colectivo, su utilidad social.

Pero Ignacio Chávez creció junto con una sociedad educada en la escuela pública y en la Universidad Autónoma, que va extendiéndose en las tareas del campo y de la fábrica, de las profesiones liberales, del periodismo y de la arquitectura, del magisterio y, sobre todo, en una del servicio social, de la asociación de barrio y del movimiento femenino, de los frentes contra la discriminación sexual, de las demandas para la justicia indígena, pero, sobre todo, en una sociedad que aprende a reconocerse en su cultura.

Chávez es uno de los grandes creadores de esta sociedad mexicana vigorosa, contradictoria, golpeada a veces, resistente siempre, y que aún no encuentra correspondencia cabal entre su continuidad cultural dinámica, por una parte, y sus retrasos políticos y económicos, por la otra. Hombre enérgico, básicamente optimista, con inmensa fe en el país, Chávez podía ser también un escéptico al que escuché decir, en más de una ocasión: "¿Por qué, cada vez que estamos a punto de lograr el país que deseamos, algo nos sale mal y nos vuelve a echar atrás?".

Ignacio Chávez convivió con gobiernos en los que la autoridad y el autoritarismo mantenían un cierto equilibrio. Pero cuando el autoritarismo se desbocó, sacrificando su autoridad por falta de respuesta a las demandas de la sociedad juvenil de los años sesenta, el doctor Chávez, rector de la UNAM, fue la víctima anunciatoria de los aciagos días por venir para la Universidad, para la juventud y para el país.

La violenta expulsión del rector Ignacio Chávez en 1966 fue el preámbulo de los trágicos acontecimientos de 1968, cuando la juventud mexicana quiso comprobar en las calles las lecciones de la educación nacional para la democracia, la justicia y la libre expresión aprendidas en las aulas y encontró, en cambio, la respuesta de la muerte. Pero el doctor Chávez, creador de instituciones, promotor de foros para la comunidad, educador y curador, investigador y escritor, había contribuido ya, con su ejemplo, a la respuesta que México le dio y le está dando a la tragedia del 68 y sus secuelas: la voluntad de reunir en un solo haz, a pesar de todos los escollos y resistencias, la continuidad de la cultura, el desarrollo de la economía, la impartición de la justicia y la política democrática.

Ignacio Chávez, el médico, el humanista, el científico, el ciudadano, ocupa un lugar eminente en la creación de un México vigoroso en los debates constructivos, respetuoso de las opiniones divergentes y favorecedor de la suma de voluntades sin sacrificio de las convicciones de cada uno.

Recordamos a un hombre que fue ejemplo vivo del mexicano civilizado, hombre de ciencia y humanidad, paradigma de una patria que se conoce, se entrega y se levanta sobre lo mejor de sí misma.

François Mitterrand

El automóvil oficial que nos conduce a la ceremonia culminante de la toma de posesión de François Mitterrand se detiene a la altura de la rue St. Jacques a espaldas de la Sorbona. Como una tortuga exhausta, el Peugeot dice: No puedo avanzar más. ¿Cien mil, doscientas mil personas? Nuestro auto es una pulga perdida en la multitud: medio millón de franceses que tratan de llegar a la Plaza del Panteón para ver al nuevo presidente y vivir la hora más exaltada de este nuevo mayo en París. El policía nos pide descender y caminar, como podamos, hasta el Panteón.

Elie Wiesel, el escritor judío, es pequeño y ágil; trata de abrirse paso entre la marea que empuja contra las barreras en ambos lados de la rue Soufflot. William Styron y yo bromeamos con los franceses; déjennos pasar; hemos venido de muy lejos; ellos nos dicen que no somos los únicos, ellos también han venido de lejos, en el espacio, sí, pero también en el tiempo. ¿No lo dijo Mitterrand esta mañana, con palabras que ahora todos repiten porque ahora son de todos: este pueblo ha formado la historia de Francia, pero sólo ha tenido acceso a esa misma historia en algunos momentos breves y gloriosos, verdaderas "fracturas de nuestra sociedad"? Ahora, la mayoría política se ha identificado con la mayoría social, nos dijo un Mitterrand sobrio y tranquilo, con un destello de alegría y orgullo en la mirada.

Arthur Miller sobresale en la multitud que nos impide llegar al lugar de nuestra cita. No lucha a brazo partido como Styron, Wiesel y yo; Miller puede verlo todo desde donde quiera que esté porque mide casi dos metros. Parece, dice Styron, un Abraham Lincoln judío. François Mitterrand nos dio la mano esta mañana en los jardines del Elíseo y dijo que saludaba a la literatura colosal del Nuevo Mundo. Sospecho que se refería sólo a Miller y a Julio Cortázar, que pueden mirarse directamente a los ojos y no necesitan periscopios como los niños y los viejos de la multitud que, de veinte o treinta en fondo, hace imposible el paso hasta la plaza descubierta y estrangula a quien intenta vencer esa muralla humana contenida por una débil y gentil barrera policíaca ("Mira, esta vez los policías están de nuestra parte", exclama un joven melenudo) y vence a los cuatro escritores inermes que han cruzado el Atlántico para estar aquí, a esta hora y en este lugar vedados ahora por el fervor y el número del pueblo de París.

Nos damos por vencidos. El día brillante que acompañó las ceremonias tensas, aliviadas por la "fuerza tranquila" de Mitterrand, de la transmisión del poder, cedió ante un mediodía lluvioso bajo el Arco del Triunfo y luego regresó con una tarde asoleada en los jardines del palacio presidencial. Ahora, al filo de las cinco de la tarde, las nubes vuelven a cargarse, bajas y veloces, sobre el Barrio Latino. Nos ponemos los impermeables y bajamos, desanimados, por las callecitas menos concurridas hasta la rue des Écoles. Arthur Miller se detiene, ajeno al simbolismo involuntario, bajo el signo que anuncia la película *The Misfits* en el Cinema Champolion.

Todos somos *misfits*, diría Cohn Bendit en el otro mayo, el del 68, y ahora esa proclama de letras negras sobre fondo rojo sólo comenta, con ironía, nuestro pequeño problema personal. Qué remedio: nos iremos a tomar una copa juntos en algún café de St. Germain. Las prisas para reunirnos un martes en la noche en casa de Styron en Connecticut, levantarnos al alba para llegar al aeropuerto Kennedy a tiempo, abordar el Concorde, vencer ciertas aerofobias muy deslavadas ya (yo me perdí quince años de adelantos de la aviación civil: pasé del Constellation al Concorde, que es como pasar de la mula al Mercedes), llegar a París antes de salir de Nueva York o alguna confusión así de cortazariana que el jet-lag sólo acentúa hasta el insomnio más feroz: todo en vano. La fiesta de la victoria socialista tendrá lugar sin nosotros. Vamos a tomar una copa y a recordar.

Recordar: "París es la ciudad de la memoria", ha escrito Mitterrand. Abotono mi impermeable y recuerdo el otro mayo que aquí viví en 1968, la otra fiesta de París sin la cual ésta de 1981 no hubiese sido posible. Este pueblo, el más inteligente del mundo, esta juventud, estos hombres políticos que ahora se aglomeran en el día de la victoria, hicieron la primera crítica activa de una sociedad que les daba más y más pero no les permitía ser más y más. No tener más, sino ser más: quizás éste fue el deseo, la inconformidad, la inteligencia de mayo del 68. Recuerdo hoy estas mismas calles cuando eran trincheras de la revuelta contra el consumismo y el paternalismo, barricadas ardientes cuyo fuego verdadero era el de la duda, la pregunta constante, la "cuestión" sobre la posibilidad de una sociedad pluralista, descentralizada, democrática, capaz de gobernarse a sí misma. Debajo de los adoquines, las playas. La imaginación al poder. ¿Cómo se llama hoy esa playa, cuál es la imaginación del socialismo hoy en el poder? La más alta exigencia para su gobierno, nos dijo el presidente Mitterrand esta mañana, es demostrar la posibilidad del socialismo con libertad. Esto es lo que la Francia del 68 y la Francia de 81 pueden ofrecerle al mundo de mañana.

Pero medio millón de franceses me impide ver el acto culminante de esta jornada. Estuvo bien reunirse bajo la gran bandera tricolor en el Arco de Triunfo al mediodía, esperar la llegada de Mitterrand por los Campos Elíseos, estudiar los rostros presentes en la ceremonia, identificar el más alegre de ellos (no tardé en hallarlo: era el de Jacques Chirac, el alcalde de

París, jefe del golismo y ahora de las fuerzas políticas de la derecha: era el rostro inmensamente satisfecho del gato de Alicia, el rostro del vencedor cuya sonrisa se decía y le decía al mundo: "Yo le di la victoria a Giscard en 74 y se la quité en 81"). Reconocer a viejos amigos. Conocer a nuevos amigos.

El grupo latinoamericano es el más nutrido; están mis viejos cuates Julio Cortázar y Gabriel García Márquez, mi nuevo amigo Juan Bosch y alguien que, más que un amigo, es ese entrañable espectro que un novelista llama su personaje: Miguel Otero Silva, el novelista venezolano, el periodista de *El Nacional* de Caracas; y mis queridas Tencha Allende y Matilde Neruda y otro recuerdo de esa segunda patria mía, Chile, donde estas dos mujeres mostraron y muestran su valor inmenso contra las bayonetas, por las palabras. Porfirio Muñoz Ledo me presenta a Mario Soares, quien me cuenta cómo, durante la clandestinidad contra la dictadura de Salazar, firmaba sus artículos de prensa con el seudónimo "Carlos Fuentes". Le aseguro que, si alguna vez debo escribir clandestinamente, usaré el seudónimo "Mario Soares".

Tantos rostros amigos que ayer eran la oposición y hoy son el poder: Regis Debray, Jack Lang, Lionel Jospin. Y Jean Daniel, que nos recibe con extraordinaria hospitalidad a Styron y a mí con todo su consejo editorial en el *Nouvel Observateur*. Quieren conocer nuestra manera de ver las cosas, como norteamericano

Styron, como latinoamericano yo. Contestamos pero nos formulamos nosotros mismos la pregunta que adivino en la mirada inteligente de Daniel, de sus colaboradores K.S. Karol, Giesbert, Nicole Boulanger, Priouret, Catherine David: cómo pasar de la oposición al apoyo crítico, del monopolio de la virtud a la parcelación de errores y aciertos, de la teoría y de la imaginación ilimitadas a la responsabilidad compartida. Yo estoy seguro de que en las páginas que admirablemente dirige nuestro amigo Daniel encontraremos algo tan importante como la lúcida oposición de ayer: la información de hoy, la educación política que es más larga que cualquier ideología, la identificación de los problemas, el orden de las prioridades, la salud de la duda, la perseverancia crítica.

Mitterrand no ha invitado a gobiernos, sino a escritores que ha leído, a amigos que han compartido con él la "larga marcha" de la campaña presidencial contra De Gaulle en 1965 y contra Giscard en 1974, las tragedias de Argelia y Suez, la explosión de mayo y la reconstrucción, a partir del Congreso de Epinay en 1971, de un Partido Socialista dañado por el tiempo, desprestigiado por demasiados compromisos, fraccionado por demasiados bizantinismos ideológicos. Mitterrand sabe que no es la ideología lo que hace la historia, sino la acción de la sociedad civil y su realidad (tradición y aspiración) cultural.

Lo veo, en el almuerzo del Elíseo, comer y beber con gusto, mirar a las mujeres guapas, bromear, mostrar atenciones singulares. En un momento dado, se levanta de la mesa; creemos que es la hora de los discursos; pero no habrá tal cosa: el presidente se dirige a la mesa donde, inquieto, el maestro Daniel Barenboim come sus perlas de salmón. Mitterrand le dice que puede irse sin protocolo a ensayar con la orquesta de París; sabe que el almuerzo se prolonga y Barenboim quisiera estar con sus músicos. Barenboim agradece la gentileza de este hombre de Estado que oye música, lee libros, discute ideas y obviamente sabe comer, beber y amar con gusto, aun con brío, pero que es también un político hábil y duro, astuto y perseverante. En 1971, el disperso Partido Socialista tenía 13% del voto y el Partido Comunista el 23%. Mitterrand dijo en Epinay: llegaremos al poder cuando los comunistas desciendan al 15% del voto nacional. Esto ha sucedido en 1981. Los socialistas están en el Elíseo, en Matignon y en el Palais Bourbon. Los comunistas han sido premiados por su derrota.

Pero ahora, esta tarde del mes de mayo, caminamos ya sin grandes esperanzas de participar en la fiesta de la Plaza del Panteón. Al cabo Mitterrand también es un hombre de caminatas. Un largo camino para un buen caminante. Yo conocí a Mitterrand cuando Silvia y yo habitábamos su misma rue de Bievre en el año 73. Callecita estrecha, popular y magrebina, viejo canal de castores entre el Boulevard St. Germain y el Quai de la Tournelle, calle con cierta memoria literaria —allí vivió Dante e inició la redacción de la *Comedia*; también el rey de los techos de París, el novelista y aventurero nocturno, Restif de la Bretonne.

Gracias a la rue de Bievre y su olor de cuscús y su cante jondo arábigo frente a mis ventanas me atreví a organizar el final de *Terra nostra*. Más importante: allí nació mi hijo. Vi muchas veces a Mitterrand caminar hacia el Sena, contemplar Notre Dame, seguir en busca de los buquinistas hacia la île de la Cité, dirigirse diariamente a la Brasserie Lipp. Otras veces coincidimos bajo la lluvia esperando un taxi en la Place Maubert; su chambergo lo protegía, me prestó *Le Monde* para cubrirme la cabeza. Desde la embajada de México, años después, me correspondió organizar su viaje a México, una iniciativa de Muñoz Ledo que no le agradó a todos en el gobierno mexicano ni en el gobierno francés, pero que hoy parece un acto no sólo previsor, sino normal. La América Latina no debe sacrificar apoyos en Europa; la alternancia política debe ser normal y cultivable en y con la democracia francesa.

Y Mitterrand es la imagen de un hombre que camina largas horas en las landas del suroeste de Francia, en esas playas y esos senderos descritos por Mauriac. Un hombre, nos lo dicen sus libros, con un estilo para escribir y para pensar, ganado en la soledad que nuestro tiempo le niega a nuestra identidad más profunda: la que sólo puede actuar en el mundo y con otros si antes ha actuado a solas y en lucha consigo misma.

Arthur Miller sigue detenido, sin sospecharlo, bajo el signo de *The Misfits*; Wiesel, Styron y yo arrastramos las gabardinas. Melina Mercouri pasa en un coche de la policía, abriéndose paso a duras penas entre el gentío. Es una mujer espléndida, fulgurante, un tanto homérica, casi un Mediterráneo en sí misma, y la imagen de Mitterrand en las playas del Atlántico se mezcla con la imagen de Mercouri en las playas del Egeo. No hay tragedia en sus ojos tristes porque al final de la tragedia "todos se fueron muy contentos a la playa." Le pregunto desde la calle si nos permite subir al auto con ella; es la única oportunidad de llegar a la Plaza del Panteón. Nos invita a hacerlo. El caos es digno de los Marx: chofer, Melina, Papandreou el líder del socialismo griego, dos policías y Harpo Fuentes, Groucho Styron, Chico Wiesel y Zeppo Miller. El auto avanza treinta metros y se detiene para siempre, devorado por la multitud. Buscamos el kepí más importante de la región: deben abrirnos paso, la frustración empieza a volverse peligrosa. Una barrera humana nos separa del Boulevard St. Michel, despejado para el paso de Mitterrand. Si nos atrevemos a recorrerlo a solas, nos van a insultar, nos van a bromear feo…

Unimos hombros, codos, esfuerzos y llegamos a la avenida despejada. El hombre del kepí tenía razón: rechiflas, burlas, injurias gálicas. Entonces Melina Mercouri toma una rosa roja y marcha avenida arriba, por el centro, tomando la gran vía, conquistando la ruta real, agitando la rosa y la melena, convocando toda la luz de la tarde hacia su sonrisa y sus ojos de tristeza ojerosa. Decenas de miles de voces a nuestro paso, ahora, agitan sus rosas en respuesta a la rosa de Melina, los gritos son de alegría, viva Melina, Mercouri, Mercouri, te amamos. Y detrás de ella cuatro ignorados escritores con impermeables a la Bogart, gafas oscuras y cabezas gachas. Sin duda, los guardaespaldas de la Mercouri. No identificables en las fotografías. Secretamente agradecidos.

La policía nos detiene en la esquina de St. Michel y la rue Soufflot. La caravana presidencial se aproxima. Mitterrand llega en un coche descubierto. Salta a la calle, toma a Mercouri de la mano y nos pide que lo sigamos hacia el Panteón. Sentimos que del negro pozo de la desesperación hemos sido elevados a las nubes de la gloria. Ahora el cortejo multitudinario con Mitterrand a la cabeza avanza, entre cientos de miles de seres que se amasan en las aceras, cuelgan de las lámparas, atestan los balcones, pueblan precariamente los techos y gritan, ¡ganamos!, ¡ganamos! Arrojan las rosas y todo vuela, las flores, las mariposas de papel, las nubes cargadas, la gente llegada de todo París, de toda Francia, las oriflamas tricolores, los brazos abiertos en V, el gran himno final de la Novena de Beethoven dirigido por Barenboim, la tormenta que estalla arriba en el cielo y abajo entre los adoquines donde están las playas. Mitterrand, la memoria, ha entrado al Panteón a depositar sus rosas en las tumbas de Jean Jaurés y Jean Moulin. Una memoria es compartida adentro y afuera del monumento. Jaurés, el socialismo con libertad, Moulin, la lucha contra el totalitarismo y algo más, menos tangible, en la memoria profunda de París: la memoria de sus grandes jornadas, cuando Mitterrand sale del Panteón y la multitud rompe las barreras policiales y el cielo oscuro cruje y los tambores resuenan, y Plácido Domingo canta La Marsellesa orquestada por Berlioz y todos estamos amenazados por la borrasca, la multitud, los caballos nerviosos de la Guardia Republicana y su propia tormenta de oros, bronces, damascos: París de mayo del 68, pero también París de la Comuna proletaria de 1870, París del 1848 nacionalista y republicano. París del 1830 burgués y revolucionario, París del 1789 inflamado con todas las promesas que nacieron y murieron y renacieron en las fechas subsiguientes, fechas de ida y vuelta acarreadas por las voces de Mirabeau y Danton, de Lamartine y Flaubert, de Hugo y Jules Vallés, que volvemos a escuchar en la gran cantata republicana de esta tarde. Es una misa laica, sí. Es también una liberación del instante: estamos a la vez en el tiempo y fuera de él. Es un presente porque contiene un pasado y un porvenir. No hay ilusiones. Sí hay emoción. Sí hay la "fuerza tranquila".

Un viejecillo empapado, pequeñito, con esos inimitables bigotillos franceses que sólo crecen en estrecha prolongación de las aletas nasales, llega a las puertas pesadas y metálicas del Panteón. Ahora están cerradas para impedir que la multitud avasalle el recinto. Las cámaras de televisión han sido retiradas detrás de las puertas. El viejecillo trae un grueso cable en la mano y repite sin cesar:

—Quiero enchufar con el Panteón. Quiero enchufar con el Panteón.

Lo miro con cierto estremecimiento. No, no hay ilusión y toda historia humana tendrá su parte de muerte y luego su parte de vida que es esa memoria convocada y evocada por Mitterrand en este día. Recordar la historia, recordar la muerte para recordar mejor la historia, como lo ha hecho hoy el presidente de Francia. No hay orden, seguridad o permanencia alguna, nos ha dicho, allí donde reina la injusticia y gobierna la intolerancia. La memoria y la muerte serán continuidad y no fatalidad, vida escogida y no desaparición inevitable en la medida en que impidan el reino de la injusticia y el gobierno de la intolerancia.

Una muchacha, empapada también, se acerca a pedirle a Styron una firma para pegarla a su ejemplar de *La choix de Sophie*. La muchedumbre se dispersa. Pierre Salinger hace la seña de cortar a los equipos de camarógrafos de la cadena ABC. Marc Riboud, más modestamente, ciega con un tapón su cámara y Polifemo, ahora, se va a dormir.

—No ha habido nada igual desde la Liberación —dice un hombre que la vivió.

—No, desde el entierro de Victor Hugo —le dice su hijo, que quizás ha visto algunas fotografías.

Desciende por los escalones del Panteón una mujer esbelta, contenida, extrañamente alegre y melancólica a un tiempo. Volteo para reconocerla. Pienso. Se aleja. Lo sé. Es la muchacha que apareció en la portada de mi reportaje sobre el 68: *París: La Revolución de Mayo.* Estoy seguro, es la misma. ¿Cómo voy a olvidar, si he visto esa portada todos los días durante trece años? Es ella. Pero es otra. Ya no tiene 25 años. Se pierde en la multitud dispersa de este crepúsculo. No olvidaré nunca su paso, su alegría, su desencanto, su determinación. Su contradicción vital. No me habló nunca, pero me dijo: —No soy más. Soy mejor. Era la voz del otro mayo hablándole a este mayo.

El presidente de Francia, François Mitterrand, usa el manto del poder con una determinación serena que sus compatriotas llaman "La force tranquile". Conviene recordar que esta fuerza se forjó en la adversidad, no en el triunfo. Mitterrand asumió la dirección del Partido Socialista en el punto más bajo de la historia de esa formación política. Diez años más tarde, los socialistas ocupan los tres centros del poder en Francia: la Presidencia en el Palacio del Elíseo, el Gobierno en el Hotel Matignon y la mayoría de la Asamblea Nacional en el Palais-Bourbon.

Observar al presidente Mitterrand es darse cuenta de que sólo un político profesional pudo obtener este milagro. Pero junto con el político pragmático, coexiste en Mitterrand el hombre sensitivo y paradójico que prohija el cambio gracias a una conciencia de la tradición, que se alimenta con la lectura de Montaigne y que posee una especial afinidad con el mundo de los escritores.

La víspera del Año Nuevo de 1982, Mitterrand salvó al eminente filósofo y crítico francés, Jacques Derrida, de un proceso prefabricado y una sentencia de dos años de cárcel determinados por las autoridades checoslovacas con base en una acusación fraudulenta de "tráfico de drogas." Derrida se encontraba en Praga dando cursos particulares de filosofía en un país donde los intelectuales no tenían derecho a poseer una biblioteca y donde el pensamiento, en efecto, podía pasar por una droga. Los gobernantes de Praga querían advertir que, después de Polonia, deberían cesar los contactos intelectuales garantizados por los Acuerdos de Helsinki. El presidente Mitterrand no se dejó intimidar por semejante *bluff.* Tengo entendido que sus palabras no representaron un llamado a las autoridades checas, sino una advertencia de las más severas consecuencias diplomáticas. Al día siguiente Derrida fue liberado.

A fines de diciembre de 1981, Mitterrand entregó a Gabriel García Márquez las insignias de la Legión de Honor. Durante el almuerzo que siguió, elaboró una visión del mundo que ya había bosquejado durante una reunión anterior en México, en vísperas de la conferencia de Cancún. Ahora, Mitterrand se mostró satisfecho de haber cumplido sus promesas electorales durante los primeros seis meses de su gobierno: nacionalizaciones que al fortalecer al sector público aseguran que el proceso de re-industrialización y modernización económica, como en el gobierno golista de la posguerra, beneficiarán a la colectividad más que a las transnacionales; una descentralización que devuelve iniciativas democráticas fundamentales a los ciudadanos y a la clase obrera; medidas tan populares como el aumento del salario de garantía y mayores beneficios sociales. Contó con el entonces poderoso Partido Comunista para su primera elección. Le dio dos carteras al PC, alarmó a muchos ricachones franceses, algunos de los cuales retiraron sus fondos de Francia. Alarmó al entonces presidente Ronald Reagan pero al cabo las políticas de Mitterrand disminuyeron la influencia del comunismo en Francia y su decidido apoyo a la Unión Europea y la amistad con la Alemania Federal apaciguaron a las voluntades adversas.

—Qué lástima que no fue usted embajador durante mi mandato —me dijo un día.

Largo mandato, de 1981 a 1995, que me hizo recordar el modesto inicio de nuestra amistad. Y seguirlo, más tarde, en sus viajes a la Ciudad de México y a Cancún. En el D.F., el gobierno organizó una manifestación monstruo en el Monumento de la Revolución en la que nadie —un millón de mexicanos— entendió el discurso de Mitterrand. García Márquez y yo lo acompañamos en el avión presidencial a la conferencia de Cancún. Nos recibió en el aeropuerto el presidente José López Portillo, sin ocultar su asombro de que Mitterrand nos diese los lugares de privilegio a dos escritores.

Viajaba Regis Debray en la comitiva de Mitterrand. Regis nos aseguró un espacio excéntrico para observar las deliberaciones secretas de la conferencia y las equivocaciones constantes del presidente Reagan. El mandatario de Tanzania, Julius Nyerere, le contestó cuando Reagan, paternalmente, le pidió al "tercer mundo" abandonar la agricultura a favor de la industria:

—Pero señor Reagan, Estados Unidos es el primer productor agrícola del mundo.

Y cuando Indira Gandhi, la primera ministra hindú, le reclamó a Reagan el elogio del consumo como felicidad hecho por el norteamericano:

—Pero señor Reagan, algunos ciudadanos nuestros ni siquiera tienen zapatos.

Mitterrand lo observaba todo con cierta fría distancia y divertida sonrisa. Él era el maestro del debate político y de la respuesta justa. Se reservaba. Si hablaba, no era para perder el tiempo. Y podía ir directo a la yugular del opositor. En los debates televisivos con el candidato de derecha, Jacques Chirac, éste, en algún momento, le dijo:

—Pero seamos más cordiales. Dígame Jacques y yo le diré François.

Contestó Mitterrand:

—Cómo no, señor primer ministro.

Mitterrand sabía que Francia es el país de las fórmulas, que las fórmulas expresan cortesía y, a veces, distancia sin insulto.

En cambio, la cultura literaria de un presidente francés nunca sorprende. Neruda me contó que sus reuniones con el presidente Pompidou siendo Pablo embajador de Chile en Francia, tenían como pretexto discutir la política económica del Club de París, pero en realidad eran largas pláticas sobre la poesía de Baudelaire. Lo que sorprende es que un presidente de Estados Unidos lea libros.

Cosa que descubrimos Gabo y yo una noche en Martha's Vineyard, escuchando a Bill Clinton recitar de memoria pasajes enteros de Faulkner, demostrar que había leído el *Quijote* y por qué Marco Aurelio era su autor de cabecera. Pregunta innecesaria: ¿Qué habrá leído Bush? Y para cerrar el capítulo político, otro lector-estadista: Felipe González, un hombre que habla como un libro porque piensa como un libro porque ha leído todos los libros y sin embargo —oh, Mallarmé— no está triste. Faltaba conocer a Barack Obama para tener otro presidente-lector.

André Malraux

En 1960, el presidente de Francia, Charles de Gaulle, hizo una provocadora visita a México. La llamo "provocadora" porque primero De Gaulle fue a Canadá y exaltó al "Quebec libre", es decir a la nación francófona dentro del esquema bilingüe de Canadá. Gran alboroto. De Gaulle desafiaba no sólo a la "Commonwealth" canadiense sino al vecino anglo-parlante, Estados Unidos.

Enseguida, el General se dirigió al otro vecino norteamericano, México, hispano-parlante pero objeto —o sujeto— de una ocupación militar francesa entre 1861 y 1867. No era esto lo que deseaba evocar De Gaulle en México sino —como en Canadá— la relación México-Americana ("tan lejos de Dios, tan cerca de los Estados Unidos").

Mis amigos y yo ocupamos un balcón del hotel Majestic, de cara al Zócalo, la Plaza de la Constitución, centro de la ciudad desde la época de Moctezuma. La caravana automovilística de De Gaulle avanzó por la Avenida Madero hasta la esquina del Zócalo, ocupado por un millón de mexicanos a la espera del "héroe de la Segunda Guerra Mundial" como era anunciado el General. En la esquina, De Gaulle descendió del auto y se dispuso a avanzar, sin otra protección que él mismo, entre la vasta multitud. Tan alto como era, el General sobresalía a la masa de mexicanos. Alto, uniformado, tocado con el kepí del ejército francés, De Gaulle avanzó lenta, casi majestuosamente, entre un millón de mexicanos.

Desde el balcón del Majestic veíamos la escena con K. S. Karol, corresponsal del *L'Express*, un periodista norteamericano de la revista *Newsweek*, Fernando Benítez, Víctor Flores Olea y Salvador Elizondo, el agudo escritor que fue quien dijo lo indecible: —¡Qué lástima que los franceses no ganaron la guerra en 1867 y se quedaron en México! ¡Hoy, Francia sería vecina de Estados Unidos!

Esa noche, Jean Sirol, consejero cultural de la embajada de Francia en México, ofreció una cena para André Malraux, quien acompañaba a De Gaulle como ministro de Cultura. Instado por Malraux, o quizá por iniciativa propia, Sirol invitó a vocales críticos del gobierno mexicano: Jaime García Terrés, Jorge Portilla, Víctor Flores Olea, Enrique González Pedrero, yo mismo.

La discusión fue intensa. Más que nada, en ese momento le reprochábamos a Malraux el haber abandonado lo que nosotros éramos (o queríamos ser): escritores independientes, a favor de un compromiso político y burocrático. Malraux se mostró más defensivo que otra cosa. Evocó su pasado. Le reprochamos el abandono del mismo. García Terrés defendió, sobre todo, una libertad de prensa que sentía violada por el gobierno y los ataques contra la revista crítica *L'Express.* Portilla discutió, con fervor, el tema de la muerte de Dios en Malraux. Éste expuso con brillo su sentimiento de que la muerte de Dios acrecentaba la soledad de la persona, pero también su responsabilidad. Flores Olea conocía bien la obra de Malraux y le preguntó si los espíritus encarnados en *La condición humana* —erotismo, juego y terror— sumaban las posibilidades de un mundo sin Dios. No, contestó Malraux, la única posibilidad que permanece, trascendiendo nuestra muerte, es el arte. González Pedrero se acercó al tema mayor de Malraux, la relación entre acción y destino. Malraux contestó que el destino individual no se concibe sin el destino colectivo. La dignidad humana es parte o resultado de ambos. García Terrés volvió a la carga: ¿a nombre de qué se censura a la prensa y se arrojan al Sena ejemplares de *L'Express?* Malraux no tuvo una respuesta convincente: a nombre de la dignidad de Francia.

Arropados en nuestro activismo político (1960) publicamos en nuestra revista eventual, *El Espectador*, un resumen de la conversación. Fuimos injustos. Comparamos al Malraux de hoy, el ministro, con el Malraux de ayer, el revolucionario. Max Aub, compañero de Malraux en la guerra de España, nos comunicó el disgusto del ministro. "No me gusta terminar en *Le Canard Enchaîné*" (revista satírica y crítica). No lo volvimos a ver. Pero acaso, como derivación de ese encuentro, lo releímos con seriedad. Creo que yo llegué a una conclusión que no era ajena al encuentro con el escritor: André Malraux era un escritor que no concebía la literatura sin la acción que, de una sola vez, reuniese narración y política. La relectura de *La condición humana* confirmaba en mi espíritu que para Malraux la acción era necesaria para salvarnos del absurdo y que el absurdo era la existencia sin Dios: el desamparo.

Recorrí de nuevo la vida de Malraux, sobre todo a partir de sus viajes a Indochina (donde despojó a algunos templos de sus tesoros) y a China misma, en el Shangai en huelga y revolución de los años veinte, que el novelista encarnó en *La condición humana.* Una novela colectiva, cercana en esto al gran modelo de John Dos Passos, *USA* o al de la Yoknapatawpha de William Faulkner, dos autores presentados por Malraux en la NRF Gallimard. Aunque más tarde se supo que Malraux no participó en los sucesos descritos en *La condición humana*, tampoco Faulkner y Dos Passos vivieron lo que imaginaron. ¿Por qué, entonces, a Malraux se le exigía lo que a otros no? ¿Porque Malraux los concibió desde la comodidad de un barco de pasajeros? En parte, porque él mismo ofrecía su imaginación como experiencia, hecho que negó el título mismo de su autobiografía, *Antimemorias* de 1967. Más aún, porque la vida de Malraux estuvo ligada en extremo a la política del siglo XX. Contradictoriamente, Malraux defiende a Trotsky y quiere salvarlo del exilio interno en Alma-Ata. Quiere la épica que vio en el *Acorazado Potemkin* de Eisenstein, prohibida por la censura francesa en 1927. Cree encontrarla en Trotsky. Admira la elocuencia de Trotsky comparada con la chatarra discursiva de Stalin y del propio Lenin. Pero la relación con Trotsky pronto tropieza con la realidad política y la diferencia personal. Trotsky critica a los personajes de *Los conquistadores* de Malraux: sus conquistadores no conquistan nada. Malraux insiste en admirar a Trotsky: en los desfiles de Moscú, dice, hay retratos de Stalin, pero la presencia es de Trotsky. Las masas, según Malraux, pensaban en el ausente, Trotsky. "Usted es un proscrito, no un emigrado", le escribe Malraux a Trotsky. Éste ve símbolos en los personajes de Malraux. No, alega éste. "Trotsky sostiene a varios personajes del momento, yo los reintegro a la duración". Concluye Malraux: Trotsky no conoce las condiciones de la creación artística.

Stalin mucho menos.

—¿Qué hay de interesante en París? —le pregunta Stalin a Malraux.

—La última película de Laurel y Hardy —le contesta el rebelde, el irónico Malraux, que sin embargo, hace el elogio de Stalin y excusa las purgas de Moscú, que no disminuyen, alega Malraux, "la dignidad del comunismo". Pero cuando se trata de defender al trotskista Víctor Serge, Malraux se abstiene. En cambio, con André Gide, viaja a la Alemania nazi para defender al dirigente comunista Georgi Dimitrov, acusado de incendiar el Reichstag y liberado gracias a una brillante autodefensa.

La guerra de España marca el momento más alto de Malraux. Se confunden aquí su vocación internacionalista y su compromiso nacional. En España concurren ambos. Malraux (quien no sabe manejar un automóvil) forma una escuadrilla aérea, posa como aviador y filma una película notable por su directa desnudez: *L'Espoir* (*La esperanza*), en la que se confunden la ficción y las biografías (aparecen con otros nombres) de Ehrenburg y Hemingway, Bergamin y Chiaramonte. Un mundo de "fraternidad entre hombres". Max Aub es el colaborador más cercano de Malraux. La guerra de España es para Malraux una visión del mundo y del papel de la clase obrera. También es una defensa de España el país, de la nación, que prepara a Malraux para combatir a los nazis y defender a la nación francesa contra la ocupación alemana. Ha aprendido, acaso, una lección. En España, la Unión Soviética ha combatido a la izquierda más que a Franco. En Francia, la derrota, la ocupación y la represión alemana atentan directamente contra la patria, la nación francesa. Malraux se da cuenta de que la clase en peligro en Francia se llama el fascismo. La nación que peligra es jacobina y no hay nadie más jacobino que un francés.

Como el "Coronel Berger", Malraux dirige la brigada Alsace-Lorraine y emerge heroicamente de la guerra. Pero el héroe mayor es Charles de Gaulle, quien nunca admitió la derrota de Francia y regresó a encabezar el gran desfile de los Campos Elíseos en París, en agosto de 1944. A De Gaulle se une Malraux porque De Gaulle (¡desde su apellido!) encarna a Francia. O sea: no hay general sin Francia, ni Francia sin general. Malraux firma con Sartre y Mauriac contra la censura al libro de Henri Alleg sobre la tortura en Argelia (1958). Pero en ese mismo año es nombrado primer ministro de Estado de la Cultura. No volverá a escribir una novela aunque sus *Antimemorias* son la novela de su vida, incluyendo a su imaginación. Jean Lacouture dirá que este libro "atraviesa la historia del siglo como una espada atraviesa la entraña del toro".

Como ministro de Cultura, y después de serlo, Malraux escribe sobre el arte con pasión y discriminación. Se da cuenta de que sería un error pensar la obra política como obra de arte. Crea, en vez, un "mundo imaginario" que nos permite apreciar las posibilidades del pasado. El arte es "una vasta posibilidad proyectada sobre el pasado". La obra revive y se transforma. La cultura es el conjunto de formas que han sido más fuertes que la muerte. ¿Es Malraux un hereje nestoriano que cree en dos cosas a la vez: en un Cristo humano al lado de un Cristo divino? De Gaulle, es sabido, cree sin soberbia en un "yo" que es un "nosotros" y afirma que "mi único rival es Tin Tin" (el personaje de historieta).

¿Le queda a Malraux, cuando De Gaulle ocupa todo el espacio político, otra cosa que el espacio cultural? Es posible y fue importante. Aparte de su obra material (museos, libros, exposiciones, relación de Francia con otras culturas, limpieza de monumentos), Malraux el ministro jamás abandonó su visión pesimista del mundo. Dios ha muerto y sólo existe la condición humana. Esta condición consiste en erotismo, juego y terror. Sólo la salvan la visión del destino y la acción, pero la historia se vuelve contra ambos y sólo nos da una salida: el arte como antidestino.

"Soy un agnóstico ávido de trascendencia que aún no recibe su revelación". Pero "¿qué me importa lo que sólo me importa a mí?" Yo creo que fue en sus novelas, más que en sus estudios de estética, donde Malraux tomó su figura más antidogmática. El escritor no le da razón a todos. Les da voz. O como dijo un día, "los navegantes descubren pericos, pero los pericos no descubren navegantes". Añade que "hacen falta sesenta años para hacer a un ser humano y después sólo sirve para morir". Sin embargo, más allá de toda consideración acerca de lo verdadero y lo falso, se encuentra lo vivido. ¿Se le puede pedir más a un ser humano? ¿La singularidad del hombre Malraux no participa, al cabo, de lo que somos y hacemos todos: vivir?

En 1976, siendo yo embajador de México en Francia, el diputado golista Raymond Offroy nos invitó a Silvia mi mujer y a mí a un almuerzo en honor de Malraux. Era una tarde fría de diciembre y el anfitrión sentó a Silvia a la izquierda de Malraux, a mí muy cerca del homenajeado. En esos diecisiete años desde la cena en México, Malraux había envejecido no tanto por el paso del tiempo, sino debido a la acentuación del gesto. La presencia protagónica de las manos, la abundancia de tics, la abundancia y brillo del verbo, describían su presencia. Hasta que un gesto casi imperceptible, una mirada a mi mujer, un vistazo debajo del mantel, una sonrisa inmediata y la aclaración seguida: el gato de los Offroy andaba estirándose debajo de los manteles, se acercó a la pierna de Malraux, éste creyó que Silvia le acercaba la suya, el gato resolvió el misterio y todos nos reímos.

El gato —¿o la gata?— le sirvió a Malraux, empero, para lanzarse a una disquisición histórica sobre la llegada a Europa de los primeros gatos, traídos desde Egipto por Cleopatra. No había, pues, felinos en Europa y los de la reina egipcia pronto demostraron su utilidad, cazando, comiendo y matando a la multitud de ratones que se juntaban en Roma, granero del Imperio.

Que Malraux hablara de gatos era natural. Tan natural que pudo parecer poco improvisado. No fue así. Los gatos acuden a quien los quiere. A quien huele como ellos. Por eso se acercaron a Malraux, aunque éste, terminado el capítulo "gatos" se apresuró a comentarle a Silvia:

—Pero no hay nada más antiguo que las arañas.

Historia de las arañas, historia de los caballos como antípodas del mundo arácnido. Historia de la edad de los caballos, para culminar con historia de la edad de los artistas, Miguel Ángel, Rembrandt.

Imaginé a Malraux, en ese momento, como otro momento: el del verbo. El verbo de Indochina y las novelas abanderadas de ficción con reportaje, el militante de izquierda del Frente Popular, el combatiente de la guerra de España, el resistente contra la ocupación nazi de Francia, el ministro de De Gaulle, el dialogante con Nehru y Mao, el reanimador del arte antiguo de México y Egipto. En fin, el hombre nervioso, brillante, acaso nostálgico de la juventud y la belleza quien, al levantarnos de la mesa esa tarde fría de diciembre de 1976, me dijo:

—Usted es mi cómplice.

Para Malraux, todo arte era reencarnación. La creación era más importante que la perfección. Sentía remordimiento de ser él mismo. El destino sólo tiene un lugar. La conciencia. La valentía no es más que un sentimiento de invulnerabilidad. Es un error pensar en la obra política como obra de arte. La cultura es el conjunto de formas que han sido más fuertes que la muerte. Más allá de lo verdadero y lo falso está lo vivido.

—Soy un agnóstico ávido de trascendencia que aún no recibe su revelación.

Novelas que son memorias, memorias que son ficción, política sin estética, estética sin política, aventura que es acción, acción que es a la vez realidad e idea de la realidad…

Podríamos citar sin descanso al Malraux fabricante de frases célebres y de ideas incitantes. Pero sólo lo haríamos a expensas de una obra en que la memoria miente para ser ficción y la ficción, según lo acostumbra, se vuelve verdad. Dijo de Lawrence de Arabia: "Parecía apartado de todo lo que, para la mayor parte de los hombres, constituye la vida misma. Era uno de esos hombres que han preferido una parte de lo divino, haciendo de ello su uniforme, su sotana invisible".

¿Convienen esas palabras de Malraux sobre Lawrence al propio Malraux? Acaso Malraux las supera en el sentido de que quiso ser, sólo que a un nivel estético, lo que fue Lawrence a un nivel político. Y lo obtuvo a veces, en España, con la Resistencia. Sólo que Malraux también tuvo algo que la "santidad" misma de Lawrence no admitiría: la contradicción, no diabólica, sino humana, a los valores propuestos por el propio Malraux.

¿Éramos, por ese motivo, como me llamó un día, "cómplices"?

Palabras misteriosas que nunca acabé de entender, ni siquiera, el día que amaneció con la muerte de Malraux el 23 de noviembre de 1976. No se habla de una ceremonia fúnebre nacional. Llamo a mi amiga, la ministra de Cultura de Francia, Françoise Giroud.

—Malraux merece un homenaje nacional —le digo.

—Las banderas del Ministerio están a media asta— me contesta.

—¿Y la ceremonia? —insisto.

—Quiso ser enterrado en su pueblo, Verrieres-le-Buisson.

—¿Y el homenaje nacional?— insisto.

Cuando al fin, en 1996, las cenizas del escritor fueron trasladadas al Panteón, el presidente Jacques Chirac, como suele suceder en estas ocasiones, le habló de "usted" —que no de tú— a Malraux.

—Es usted el hombre de la inquietud, de la búsqueda, el hombre que abre su propio camino...

Con menos oratoria, con más certeza, Paul Morand había dicho desde los años treinta:

—Malraux es el único suicida vivo.

Malraux, menos pragmático, más ingenioso, sólo nos preguntó:

—¿Por qué no aceptar a Dios como un pintor moderno?

Hugh Thomas tuvo la última palabra:

"André Malraux fue el Byron de su época".

El cuarto poder

FERNANDO BENÍTEZ

A las mujeres las llamaba "princesas", a los hombres, "hermanitos". Hace cien años nació mi gran amigo Fernando Benítez. Periodista, novelista, cronista, autor teatral, el mayor orgullo de Fernando era ser periodista. Su personalidad, sin embargo, rebasaba (aunque informaba) cualquier profesión. Pequeño y bravo, contaba que su madre le había dicho: "Eres feo, hijo, pero tienes cara de gente decente". Elegante y seductor, Fernando enamoró a bellas mujeres y fue amado por ellas. Celoso, era agresivo con sus rivales, quienes corrían el peligro de ser tomados de las solapas y aplastados contra la pared o, de plano, recibir un botellazo en la cabeza. En un bar portuario de Veracruz sacó a bailar a una muchacha muy guapa. Al rato, se apareció el galán de la misma, un marinero argentino, que le espetó a Benítez:

—Dejala. Podías ser mi padre.

—Pude. Pero no quise —contestó Benítez antes de que se armara, como antes se decía, "la de San Quintín".

Cuando esta ciudad, México, era más pequeña, Benítez encabezaba una caminata diaria del *Sanborns* de Madero a las oficinas de *Novedades* en Balderas. Se iba deteniendo a platicar en las librerías y cafés del rumbo, sobre todo en la librería Obregón de la Avenida Juárez, donde dictaminaba sobre los libros y autores nuevos. Yo acababa de publicar, a los veinticinco años, mi primer libro, *Los días enmascarados*, y Benítez, con displicencia, me dijo:

—Con un librito de cuentos no se salva nadie.

Y se fue, paseando su elegancia y recomendando a los políticos:

—¿Por qué no se hace usted sus trajes en Macazaga, como yo?

Luego nos hicimos amigos muy cercanos y ser amigo de Benítez era una aventura, a veces procurada por él mismo. La revista *Siempre!* nos pagaba cada sábado doscientos pesos por colaboración, doscientos pesos en billetes de un peso. Esto provocaba indignación y risa en Benítez. Los doscientos pesos de a peso demandaban ser gastados cuanto antes. Benítez, conduciendo su BMW, arrancaba a doscientos kilómetros por hora. Lo perseguía la policía motorizada. Lo detenían. Fernando tomaba un puñado de billetes y los arrojaba a la calle. Los "mordelones", a su vez, se arrojaban sobre la billetiza, olvidando a Benítez. Éste arrancaba, exclamando: —¡Miserables! —y repetía la provocación hasta que se acababan los billetes.

Manejaba a altas velocidades ese BMW que hacía apenas una hora para llegar a Tonantzintla, donde Fernando se encerraba a escribir sus libros en un ambiente conventual donde la única distracción era mirar de noche a las estrellas en el observatorio dirigido por Guillermo Haro. Allí escribí buena parte de *La muerte de Artemio Cruz.* De vez en cuando caían visitas —Agustín Yáñez, Pablo González Casanova, Víctor Flores Olea—, pero Tonantzintla era centro de trabajo, disciplina y silencio.

Allí regresaba Fernando después de sus excursiones a los sitios más apartados del país. A caballo, en burro, a pie, cruzaba desiertos y escalaba montañas para documentar al México olvidado. Huicholes y tepehuanes, coras y tzotziles, mixtecos y mazatecos. El autor los miraba con objetividad pero era partícipe de una subjetividad conflictiva. Los indios eran suyos —son nuestros— y serán ajenos. Benítez sentía que no podía ser un mexicano completo sin ellos, aunque ellos viviesen totalmente indiferentes a él.

Fernando escribió sobre los indios a sabiendas de que muchos de ellos se estaban muriendo poco a poco, víctimas del abuso, la injusticia, la soledad, la miseria y el alcohol. La pregunta de Benítez nos concierne a todos: ¿Cómo salvar los valores de estas culturas, salvándolas de la injusticia? ¿Pueden mantenerse los valores del mundo indígena, lado a lado con los avances del progreso moderno y la norma nacional del mestizaje? Hay un mixteco que le dice a Benítez: "Me quieren matar porque hablo español". Porque "la costumbre, esa corteza dura de vida y supersticiones que los mantiene atados de pies y manos es al mismo tiempo la unidad del grupo, la preservación de su carácter y de su vida".

La lectura de *Los indios de México* crea en nosotros la conciencia de que nuestros primeros habitantes son parte de nuestra comunidad policultural. La justicia que ellos reciban será inseparable de la que nos rija a nosotros mismos.

La devoción de Benítez al mundo indígena de México, sus aventuradas excursiones a los sitios más apartados del país minaron una salud que parecía inquebrantable y que lo ayudó en su otra gran tarea, que fue la de crear el periodismo cultural moderno en México. Secretario de Héctor Pérez Martínez, primer ministro de Gobernación del presidente Miguel Alemán, Benítez parecía destinado a una carrera política. Pérez Martínez, el autor de las biografías de Cuauhtémoc y Juárez, era considerado el heredero natural de Alemán, y Gobernación era el trampolín a la Presidencia. La temprana muerte de Pérez Martínez, en 1948, a los cuarenta y dos años de edad, alejó a Benítez de la política. Dirigió el periódico *El Nacional*, órgano oficial del gobierno, pero desde allí atacó la conducta del canciller Torres Bodet en la Conferencia Interamericana de Quitandinha. Benítez dejó *El Nacional* pero a cambio fundó, en *Novedades*, el modelo mismo de un gran suplemento de cultura, asistido por Miguel Prieto, Vicente Rojo, Henrique González Casanova, Elvira Gascón y otros colaboradores. Benítez dio formato y contenido a una vida cultural que emergía del conocimiento de sí misma (la hazaña cultural de la Revolución) y se dirigía al conocimiento del mundo abrazando de manera muy especial a la migración republicana española.

El equilibrio de Benítez lo demuestra la presentación de mi primera novela, *La región más transparente.* De un lado, la criticaba acerbamente Elena Garro. Del otro lado, la elogiaba críticamente Luis Cardoza y Aragón.

La larga vida del suplemento de *Novedades* terminó cuando Benítez insistió en publicar un largo reportaje sobre la recién nacida Revolución Cubana. El periódico se lo reprochó y Benítez, junto con sus huestes (acrecentadas por los jóvenes escritores Carlos Monsiváis y José Emilio Pacheco) renunció y buscó nuevo techo. Nos lo dio el gran jefe José Pagés Llergo, en la fortaleza sitiada de la revista *Siempre!* Desde allí, Benítez prosiguió una doble tarea. Por una parte, escribió sus libros *La ruta de Hernán Cortés* y *Ki, el drama de un pueblo y una planta.* Cercanos todos al general Lázaro Cárdenas, Benítez escribió también una biografía en tres tomos, *Lázaro Cárdenas y la Revolución Mexicana* y se propuso viajar a Cuba con el ex-presidente en el momento de la invasión de Bahía de Cochinos, viaje impedido por el gobierno de Adolfo López Mateos.

Visitamos a López Mateos en Los Pinos para respaldar la política mexicana de no intervención en Cuba. Una semana después, marchamos del Hemiciclo al Zócalo en defensa de Cuba. En Madero, las fuerzas policiales nos cerraron el paso entre San Juan de Letrán y el Zócalo, atacándonos a bastonazos y con gases lacrimógenos. El secretario de Gobernación era Gustavo Díaz Ordaz. Benítez terminó con las costillas rotas pero no cejó en su determinación de periodista. Poco más tarde, junto con Víctor Flores Olea, documentamos el asesinato del líder agrario Rubén Jaramillo y su familia al pie de la pirámide de Xochicalco. Nuevamente, la presión oficial contra Benítez y el equipo de *La cultura en México* fue resistido por Pagés Llergo, como lo fue durante las jornadas de octubre de 1968, cuando Benítez y su equipo, nuevamente, denunciaron el crimen de Tlatelolco, atacaron al gobierno de Díaz Ordaz y defendieron a Octavio Paz cuando renunció a la embajada de México en la India.

Durante sus últimos años, Benítez, junto con su mujer Georgina, reunió una colección asombrosa de arte precortesiano e indagó en la vida colonial de México con una serie de volúmenes sobre la sociedad novohispana: *Los primeros mexicanos*; *Los demonios en el convento: sexo y religión en la Nueva España*, así como un par de novelas que abordaban —*El agua envenenada*— el perdurable tema de la tiranía caciquil y —*El rey viejo*— la fuga y muerte de Venustiano Carranza en Tlaxcalantongo.

—Hermanito —me dijo un día—, ya no escribiré más novelas. No puedo competir con García Márquez, Vargas Llosa y Cortázar.

Se equivocaba. La obra de Benítez es tan vasta y multitemática como aquí he querido consignar y, a los cien años de su nacimiento, el mejor homenaje es volverlo a leer. Es como leer el siglo XX mexicano.

Tom Wicker

Era alto, fornido y con cara de niño. Su padre era conductor de trenes y Tom Wicker creció en Carolina del Norte. Jamás perdió el acento sureño, lánguido a la vez que enérgico y rico en insinuaciones. Reportero del *New York Times*, fue el único periodista asignado al viaje del presidente John F. Kennedy a Dallas y en consecuencia, el único testigo de prensa del asesinato del jefe de Estado. Wicker se apoderó de un teléfono público para dar la noticia del crimen a partir de notas escritas con premura.

Pero el ascenso de Tom Wicker se debió a otro trágico acontecimiento: la rebelión de los prisioneros de la cárcel de Attica (Nueva York) en 1971. Mil trescientos encarcelados se apoderaron de la prisión e invitaron a Wicker para que diera cuenta de los abusos, quejas y condiciones de la vida de los prisioneros. Wicker dejó constancia de entrar, en Attica, a "otro mundo, imponente en su extrañeza misma". Un retrato incomparable de un grupo de hombres "desesperados" capaces de manifestarse en un breve momento de inmerecida pero elocuente libertad, pronto reprimida por el gobernador Nelson Rockefeller al precio de cuarenta muertos por las armas del ejército. Extraña, extraordinaria manifestación de rebeldía y libertad, represión y muerte, a la que Wicker dio una dimensión humana, contradictoria y trágica.

Editorialista sagaz y duro, Wicker elogió al presidente Lyndon B. Johnson por su promoción de los derechos civiles y lo condenó por escalar el injusto y tramposo conflicto de Vietnam. Acusó a Richard Nixon de bombardear en secreto a Camboya y de abrir el camino a un estado policial con los crímenes de Watergate. Antes de renunciar, Nixon puso a Wicker en su "lista de enemigos", aunque años más tarde, en *Uno de nosotros* (1991), Wicker escribiese una crónica más amplia de la presidencia de Nixon, destacando la apertura a China y el fin de la discriminación racial en las escuelas del sur, tierra del origen que Wicker jamás abandonó.

El título era significativo: *Uno de nosotros*, implicando que Richard Nixon no era un extraño al bien y al mal —la ética— de Estados Unidos, sino un hombre eternamente insatisfecho que ascendió mediante la mentira y la teatralidad pública y que, una vez instalado en el poder, no pudo abandonar los vicios y tretas de su carrera, sino potenciarlos al máximo involucrando a la nación entera en el caso Watergate. Importante análisis del poder corrupto que afecta, quien más, quien menos, a todos los que lo tienen y lo abusan.

Wicker dejó también retratos excepcionales y críticos del presidente Gerald Ford (por continuar la guerra de Vietnam); de Jimmy Carter (por la crisis de los rehenes de Irán); de Ronald Reagan (por el engaño de Irán-Contra) y de Bush padre (por la guerra del Golfo y el descuido de salud y educación públicas). Las críticas más duras de Wicker se dirigieron, sin duda, al desafortunado vicepresidente Spiro Agnew, quien atacó a Wicker como un "irresponsable" mientras que el periodista mostraba al político culpable de evasión de impuestos y de dar y recibir lo que en México llamamos "mordidas".

Al recibir el doctorado de Harvard, Wicker propuso una política de "desobediencia civil" para protestar contra la guerra de Vietnam y el objeto de su crítica incluyó por igual a empresarios y líderes obreros, legisladores y racistas, televisión y prensa. Como atacó, fue atacado, pero sus títulos se sucedieron con la regularidad implícita en la ética de trabajo, el idealismo y el temperamento de Wicker. *Kennedy sin lágrimas: el hombre detrás del mito* (1964). *JFK y LBJ: personalidad y política* (1968). *Uno de nosotros: Richard Nixon* (1991). *Eisenhower* (2002). *Bush padre* (2004). *El breve arco de Joe McCarthy* (2006). Y, claro, su gran obra sobre la prensa de 1978, donde denunció el mito de la objetividad informativa, evoca la dependencia de fuentes oficiales y teme el sometimiento de la prensa a factores ajenos a la información.

Conocí a Tom Wicker cuando ambos, junto con la escritora Maya Angelou, recibimos doctorados de la Universidad de Chicago. Nuestra amistad creció a lo largo del tiempo, amparada por la mujer de Wicker, Pam Hill, jefa de información de la televisora ABC. Juntos viajamos a Baja California y la Ciudad de México y nos vimos en Londres, Nueva York y al cabo, en el retiro de los Wicker al fondo de un tupido bosque en Vermont, donde el periodista y gran amigo murió el 25 noviembre de 2011.

Jesús de Polanco

"Aquí yace media España. Murió de la otra mitad". La famosa frase de Mariano José de Larra, el joven escritor de la pasión civil, recorre la modernidad española como un fantasma disfrazado de fatalidad. Culminan las palabras de Larra —suicida en 1837— la pérdida imperial de las repúblicas independientes del Nuevo Mundo. Prefiguran el acto final del imperio, y su sustitución inmediata por uno nuevo, el norteamericano, en Cuba y Puerto Rico hace un siglo. Se diría, a veces, que cada mitad de España mataba a la otra y que de aquella división lamentada por Larra sólo quedaba una unión: la de la muerte.

Todos los que hablamos español conocemos esta tirantez entre la regresión a la muerte y la afirmación de la vida. En nuestra América

Hispánica, ¿cuántas veces no habremos visto, de Bolívar a Allende, la interrupción de la vida por una macabra pantomima que, en nombre de la defensa de la vida, impone la desolación de la muerte? ¿Cuántas veces, en nombre de la defensa de la democracia, no se han impuesto dictaduras nugatorias de la misma libertad que decían proteger? ¿Cuántas veces, en nombre del orden autoritario, no se ha establecido el desorden desautorizado del secuestro, la cárcel, la tortura y el asesinato?

Afirmar el valor de la vida y lo que es más, asegurar la continuidad de la vida, a pesar de la inevitabilidad de la muerte. Darle semblante creador y humano a nuestro tiempo sobre la tierra. Darle a la eternidad el nombre del tiempo y saber que la felicidad y la historia no siempre son sinónimos, pero que a pesar de ello la lucha por la libertad es la justificación final de la historia.

Aprender estas lecciones de nuestro pasado conflictivo y de nuestro siglo trágico requiere lucidez, requiere valor, y requiere lo mismo que postula y defiende: la libertad prometeica, la libertad del que se atreve a robar el fuego de los dioses para dárselo a los hombres, y debe por ello sufrir la tortura eterna, encadenado a una roca y preguntándose, ¿hubiera sido más libre si no le robo el fuego a los dioses, o soy más libre, encadenado y torturado, porque me atreví a darles la llama de la libertad a mis semejantes?

Jesús de Polanco es un moderno Prometeo de la comunidad hispánica. El fuego que le robó a los dioses y nos dio a los hombres y mujeres se llama la letra, el libro, la comunicación, la crítica, la verdad. Su ascenso al Monte Cáucaso no fue fácil, pero no fue solitario. Jesús de Polanco es uno de los protagonistas —un gran protagonista— de la transición política española, ni tan sencilla ni tan inevitable como a veces la vemos desde América, sino, por lo contrario, sembrada de abrojos, rodeada de abismos y amenazada de regresiones, nostalgias autoritarias y ambiciones golpistas.

No fue fácil. Y no fue solitaria. André Malraux me pronosticó la noche del 20 de noviembre de 1975 que España, país anarquista, sólo podía ser gobernado por la mano dura. Al autoritarismo franquista, pensaba con pesimismo el autor de *La condición humana*, seguiría un nuevo autoritarismo: la mitad de España volvería a matar a la otra mitad.

No fue así y no lo fue porque todas las fuerzas civiles y cívicas del país, de la derecha de Fraga Iribarne a la izquierda de Santiago Carrillo, supieron jugar el papel constructivo que les propusieron tres presidentes de Gobierno, Adolfo Suárez, Leopoldo Calvo Sotelo y Felipe González, pero que triunfó y se consolidó, cabalmente, gracias a la presencia moderadora y al factor de equilibrio representado por el verdadero fiel de la balanza transitiva, el rey Juan Carlos I. Baste recordar la más grave amenaza contra la joven democracia española —el golpe del coronel Tejero el 23 de febrero de 1981— para comprobar el papel decisivo jugado por el rey Juan Carlos para detener y desmontar la conjura antidemocrática.

Jesús de Polanco ha sido, a lo largo de los años de la transición y la consolidación democrática de España, un factor determinante.

Como editor —y es lo primero que celebramos en él— porque echó abajo todas las barreras contra la publicación de libros prohibidos por la Dictadura y puso al día, con una tarea que aún no termina pero que debe apreciarse como un monumental esfuerzo por devolverle la voz al libro y por llenar el vacío de cuarenta años de silencio con la literatura —el coro y las voces individuales de la literatura— de todo lo no dicho, pero también de todo lo dicho a partir de la dicha del decir recobrado, y de todo lo que falta por decir, pues de la acción editorial de hoy, de su firmeza, de su continuidad, dependen dos cosas. La primera, que no vuelva a reinar el silencio. La segunda, que la palabra de mañana tenga el sustento indispensable de la palabra de hoy.

De Polanco el editor no fue, desde luego, el único empeñado en restaurar la libertad de la publicación de libros en España. Pero, para fortuna nuestra, de los escritores y lectores de la América Española, no limitó su voluntad editorial a la península. Tendió un gran puente de España a Hispanoamérica, le dio un impulso incomparable a la nueva literatura latinoamericana, restableció la circulación de libros que fue el sustento del llamado *boom* de los sesenta y que fue interrumpida brutalmente por la agresión generalizada de los gorilatos del Cono Sur contra todo lo que oliera a libro, imaginación, ideas.

Hoy que hemos pasado de las dictaduras perfectas a las democracias imperfectas, y del *boom* al *bumerang*, de Polanco el editor le ha abierto la puerta a esa nueva constelación de escritores —la más esmaltada de nuestra historia, la más variada, la más abundante y abarcadora de países donde la creación literaria era antes escasa y dominada por muy pocas figuras y, lo subrayo, la que cuenta con más y más excelentes escritoras— y grandes escritoras, de México a Chile y Argentina. Grandes porque son escritoras, no porque son mujeres, pero grandes mujeres porque escriben y describen la zona de sombras que por largo tiempo fue, en nuestros países machistas, la sensibilidad, la imaginación, la problemática, los agravios y la hermandad de esa mitad de la fuerza de trabajo latinoamericana que son sus madres, esposas, amas de casa, profesionistas, obreras, maestras… y lectoras.

Hay otra faceta de de Polanco el editor que quisiera resaltar. Es corolario de su vocación liberadora e incluyente del lector y el libro. Jesús de Polanco ha creado vínculos espléndidos entre las literaturas de España y de Hispanoamérica, recordándonos a todos que el Atlántico es un puente, no una zanja, un océano de encuentros, no de desencuentros, un mar de reconocimientos, no de suspicacias. Jesús de Polanco es el editor de las Dos Orillas, y junto con él destaco a sus colaboradores Isabel Polanco, Juan Cruz y Sealtiel Alatriste entre otros muchos en Argentina, Chile, Colombia y Estados Unidos.

Una noche que recuerdo con nostalgia pero también con melancolía, en la bella isla de Tenerife, Jesús de Polanco me dijo que sus enemigos se olvidaban de una cosa. Podían destruir y arrebatarle sus empresas de comunicaciones, radio, televisión, prensa, pero lo que nunca le podrían quitar era su condición de editor, la base de su vida y de su trabajo: publicar libros y contar con la confianza y el apoyo de los lectores.

Desde el inicio de la transición democrática en España, Jesús de Polanco y el equipo que con él le dio vida al bien llamado *El País*, se propusieron, y lo lograron, ser fieles, a un tiempo, a su posición política, la socialdemocracia, la centroizquierda, y a la verdad, aun cuando, sobre todo cuando, ésta contrariase las posiciones del periódico. Es así como hemos visto, a lo largo de los años y como parte natural de un clima de tolerancia e inteligencia superiores, a portavoces claros de las ideas de derecha expresarse en *El País.* No una, sino muchas veces; como una sana y constante costumbre, diría yo. Hay artículos derechistas en *El País* que me amargan el desayuno, pero a la hora de la cena, ya los digerí y les dí su cuota de razón. Lo que me queda, lo que queda, es la fidelidad de Jesús de Polanco, de Juan Luis Cebrián, de Javier Pradera, de Joaquín Estefanía, de los principios activos de la democracia impresa: la formación de un patrimonio común de ideas diversas, corrigiendo mediante esta dinámica interna los excesos ideológicos de este o aquel bando, dándole la palabra a todos a condición de que no se le quite la palabra a nadie.

Todo ello no se logró de la noche a la mañana. Los equipos editoriales y comunicativos de Alfaguara, Santillana, Prisa y Sogecable demandaron años de esfuerzo común pero conquistaron tiempos de apoyo común: el apoyo inapreciable de redactores y lectores, del equipo humano de las empresas y del público receptor de las empresas.

No, no se hizo de la noche a la mañana, pero hubo quienes quisieron deshacerlo de un día para otro. El éxito de empresas de comunicación como las que han creado Polanco y su equipo no tiene lugar sin obstáculos previsibles pero también sin inesperadas resurrecciones de aquellos fantasmas de la fatalidad que quisieran matar a la mitad de España para enseñorearse de toda ella en la paz de los sepulcros.

Un día u otro, lo que de Polanco significaba debía toparse con lo que de Polanco no significaba, con lo que de Polanco ha combatido: el retorno a la arbitrariedad, a la inseguridad jurídica, a la difamación, al insulto y a la agresión contra toda posición que no sea la de la intolerancia y el regreso al añorado pasado dictatorial.

Las acusaciones sin fundamento que un juez prevaricador, acusado por las crujientes momias del pasado y algunos de sus aventajados discípulos contemporáneos, formuló contra Jesús de Polanco y Juan Luis Cebrián, encontraron dos obstáculos en los que nunca piensan quienes se sienten dueños del mundo.

El primero fue la extraordinaria lealtad del público: lectores, radioescuchas, televidentes, que le tienen confianza a de Polanco y a los suyos porque llevan muchos años atestiguando y gozando de los valores de la libertad de expresión, la independencia, el rigor informativo y el pluralismo político que de Polanco encarna y que sus enemigos quisieron, atacándolo, poner a prueba.

A los nostálgicos de la censura autoritaria, el público español les dijo: No.

El segundo obstáculo que encontraron los enemigos de de Polanco fue la ley misma. La nostalgia de la arbitrariedad se transformó en la hostilidad a los enemigos de la arbitrariedad y ésta tuvo la osadía de presentarse como imputación de delitos inexistentes. Es decir: el juicio contra de Polanco no era sólo contra de Polanco. Era contra la libertad en general y la libertad de expresión en particular. Era un esfuerzo por desandar años de edificación democrática. Era un intento siniestro de convertir al futuro posible en pasado imposible. Era un desafío a la libertad.

Era un desafío a la transición democrática. Era un desafío —asumo la responsabilidad de decirlo— al papel moderador y equilibrado del rey Juan Carlos.

A los enemigos del orden jurídico, el público español les dijo: No.

Por todo ello, el triunfo de Jesús de Polanco y sus colaboradores fue un triunfo de la justicia, de la democracia y de la libertad. El juez prevaricador hubo de pagar las consecuencias de su arbitrariedad. El acusador resultó ser el acusado: el alguacil alguacilado.

Hoy celebramos, en la figura de Jesús de Polanco, los valores del lector y la lectura, de la información y de la crítica, de la legalidad y la democracia. No es poco. No sólo motivo de celebración, sino causa de advertencia: La libertad y la democracia se pierden si sólo se celebran ocasionalmente. La libertad y la democracia sólo se ganan si se defienden y ejercitan día tras día.

Todos estamos encadenados a la montaña de la historia. Pero desde esa altura, conscientes de la condición mortal del inmortal Quevedo, con él, en nuestra prodigiosa lengua, y con Jesús de Polanco, podemos hoy repetir:

> No he de callar, por más que con el dedo,
> ya tocando la boca, o ya la frente,
> silencio avises o amenaces miedo.

Jesús de Polanco, el espíritu valiente que supo sentir lo que decía y decir lo que sentía.

Con pocos meses de diferencia, mueren Jesús de Polanco y su hija, Isabel de Polanco. Recuerdo a Isabel, hermosa, vivaz, inteligente, atenta a los escritores de la casa, haciéndonos sentir parte del mismo hogar. De nuevo en Isabel el espíritu de su padre, nuestro queridísimo amigo Jesús de Polanco, tan grande en el triunfo como en la adversidad. Acusado por los poderes de la nostalgia fascista, resistente, rodeado de amigos leales. Isabel era heredera de Jesús en el más noble sentido. Su herencia consistía en ver y saber… Era la heredera de un sueño: el de un mundo iberoamericano más libre, mejor informado, más fraternal y unido.

Isabel luchó, bella y sabia, por este mundo nuestro que a veces se descubre a sí mismo en un libro, una página, una línea. Isabel veía, Isabel sabía. Su vida merece las palabras del salmo: recibo, tengo y dejo una hermosa herencia.

Pablo Neruda

Escuché a Pablo Neruda antes de conocerlo. Llegué de noche a Concepción. El poeta daba una lectura junto al mar. La voz del hombre y la del océano parecían fundirse en una sola, vasta y anónima, salida del mar ceñido y filoso de Chile al encuentro de la tierra de uva y lodo y cobre y salitre encerrada entre los Andes y el Pacífico.

Era como si en el séptimo día de la creación americana tanto Dios como el diablo se hubiesen cansado y entonces Pablo Neruda tomó la palabra y bautizó todas las cosas.

Aún no lo conocía. Sabía su biografía. Poeta chileno, hijo de trabajadores, nacido y criado en Parras, una provincia olvidada por todos salvo la lluvia y el hambre, el mar le envió un barco ebrio, los bosques se cubrieron de hojas de hierba. El poeta adolescente, flanqueado por Rimbaud y Whitman, salió a los veinte años a revolucionar la poesía escrita en castellano.

De la húmeda soledad del Valle de Temuco, enseguida de las calles de Santiago y los muelles de Valparaíso, siempre desde el fin del mundo, Robinson de las islas chilenas de su nacimiento y de su muerte, Neruda, antes de haberlos leído, escribía ya con Eliot y Saint John

Perse, con Eluard y Cummings. Y con ellos transformaba el rostro del verbo. Pero si ellos procedían de los centros, Neruda hubo de escribir desde la frontera muda de una cultura excéntrica.

Chile fue llamado el Nuevo Extremo por los conquistadores. Desde ese límite polar de la tierra, Pablo Neruda envió las carabelas de Colón de regreso a España. Fue, después de Rubén Darío, el primer gran poeta de la lengua castellana desde el siglo XVII. Descubrió las voces perdidas de Quevedo y Góngora. Fue el adelantado de la respuesta cultural de la América española a la conquista española. Le devolvió a la lengua adormecida por siglos de inquisición, retórica, miedo, mediocridad y buenas costumbres una vitalidad a la vez ancestral y actual.

Sin la aventura poética de Neruda, no habría literatura moderna en América Latina. O por lo menos, no la que conocemos, admiramos y sustentamos. Su enorme alcance se debe a que Neruda asumió los riesgos de la impureza, de la imperfección y, también, de la banalidad. Estaba obligado a hacerlo, a fin de nombrar todo un mundo. Nuestro mundo. Lo condujo a las zonas salvajes de nuestro idioma olvidado. Nos liberó de las normas de la forma exquisita y del buen gusto yermo. Nos enseñó a comer y a beber. Nos obligó a mirar dentro de las peluquerías y a temblar ante nuestros fantasmas en las vitrinas de las zapaterías. Nos sacó de los jardines de nuestros Versalles literarios y nos arrojó al fango de las alcantarillas urbanas y a la putrefacción de las selvas tropicales. Nos mostró desnudos en desiertos de oro. Elevó nuestra altura a las cimas volcánicas. Le dio voz a los vivos y los muertos, a los amantes crepusculares en los apartamentos urbanos y a los príncipes indígenas en sus ciudadelas de piedra.

Toda la América española resucitó en su lengua. Su poesía nos permitió recuperar cinco siglos de historia perdida, una historia enmascarada por oratoria hueca y proclamas grandiosas, una historia mutilada por imperialismos extranjeros y opresiones internas. Una historia desfigurada por el silencio ofendido de los muchos y la mentira ofensiva de los pocos.

Todo esto era Neruda. Y no era nada porque era todos.

Aquel año de 1961, acompañado del poeta Poli Délano, paseándome cerca de la desembocadura del río Biobío, "grave río", al apagarse el día, un grupo de trabajadores se reunió en torno a una fogata, uno de ellos tomó una guitarra y otro cantó los versos de Neruda en honor del guerrillero de la independencia, José Miguel Carrera.

—Al poeta le gustaría saber que ustedes cantan sus versos —les dije.

—¿Cuál poeta? —me contestaron.

Neruda había regresado a la palabra anónima, a la voz de todos.

Y sin embargo aquí estaba, sentado en la primera fila del encuentro que año con año organizaba Gonzalo Rojas en la Universidad de Concepción, no lejos del mar, ciudad devastada por los trepidantes terremotos chilenos, consumida y reconstruida y en este año, 1962, sede de una reunión llamativa de escritores de las dos Américas. Alejo Carpentier de Cuba, Mario Benedetti de Uruguay, José Bianco de Argentina, José Donoso de Chile, Claribel Alegría de El Salvador, Carolina María de Jesús de Brasil, y de Chile también, claro, Neruda en primera fila y dos norteamericanos famosos, el premio Nobel de química Linus Pauling y el sociólogo Frank Tannenbaum.

Todo transcurrió —y hubiese continuado— en pacífico flujo literario, hasta que Tannenbaum subió a la tribuna. Intelectual de mérito, Tannenbaum había escrito sobre México y la América Latina, especialmente sobre la presidencia de Lázaro Cárdenas. Pero al tomar la palabra en Concepción, lanzó, acaso con inocencia, sin duda con reacción que no esperaba, la sugerencia de una unión federal entre Estados Unidos y América Latina, en la que ésta tendría un papel similar al de Nebraska o Vermont. ¿Ciudad capital o imperio federativo? ¿Jefe de Estado? ¿Identidades culturales?

Tannenbaum no tuvo tiempo de adentrar más allá de un segundo las exclamaciones negativas que surgieron de una audiencia altamente consciente del vuelco de la política de Buen Vecino de Roosevelt a la agresiva postura del gobierno de Eisenhower y su canciller, John

Foster Dulles, autores del golpe contra el régimen electo de Jacobo Arbenz en Guatemala. Súmese a este recuerdo el de la novedad de la Revolución Cubana apenas cuatro años antes, la malograda invasión de Bahía de Cochinos, y se entenderá que una propuesta de federación entre Estados Unidos y América Latina era una tontería o una provocación.

Así lo entendimos todos y Neruda dio cuenta de lo sucedido en sus memorias *Confieso que he vivido*:

"Qué buen idioma el mío, qué buena lengua heredamos de los conquistadores torvos... Éstos andaban a zancadas por las tremendas cordilleras, por las Américas encrespadas, buscando patatas, butifarras, frijolitos, tabaco negro, maíz, huevos fritos, con aquel apetito voraz que nunca más se ha visto en el mundo... Todo se lo tragaban, con religiones, pirámides, tribus, idolatrías iguales a las que ellos traían en sus grandes bolsas... Por donde pasaban quedaba arrasada la tierra... Pero a los bárbaros se les caían de las botas, de las barbas, de los yelmos, de las herraduras, como piedrecitas, las palabras luminosas que se quedaron aquí resplandecientes."

Se selló así una amistad duradera que continuamos en la reunión del Pen Club en Nueva York el año de 1965. Convocada por Norman Mailer y presidida por Arthur Miller, la conferencia invitó a Nemesio Antúnez el pintor; a Mario Vargas Llosa y a Juan Carlos Onetti, a

Ernesto Sabato y Victoria Ocampo. También quiso traer a un grupo de escritores de la Unión Soviética y el bloque comunista. Se trataba, en suma, de distinguir entre la política de bloques de la Guerra Fría, que separaba, y la creación literaria y artística, que unía por encima de las diferencias ideológicas, sin suprimirlas.

Todos tuvieron una voz en Manhattan. Nadie fue silenciado. Todas las tendencias se manifestaron. Los escritores cubanos, en cambio, no asistieron y a las pocas semanas del Congreso del Pen, una carta acusatoria emanó en las oficinas de Roberto Fernández Retamar, el escribiente del gobierno cubano. Se acusaba a Neruda poco menos —o más que— de traidor por haber viajado a Nueva York y recibir un homenaje de sus pares latino y norteamericanos. La "carta abierta" de los cubanos contra Neruda sumaba centenares de nombres. Algunos esperados, como los de Nicolás Guillén, rival poético de Neruda, quien de ahí en adelante lo llamó "Guillén el malo" para distinguirlo de Jorge Guillén. Otros desesperados, como Alejo Carpentier, sin duda obligado por su compromiso con el gobierno de Castro, que aquí pesó más que la amistad con Neruda. Y otros inesperados, como José Lezama Lima, el menos político de los escritores.

Sospechamos, Neruda y yo, que a muchos de los firmantes ni siquiera se les consultó si ponían sus nombres. Decisión autoritaria. La referencia a mi persona me obligó a decidir que no volvería a Cuba mientras Fernández Retamar siguiese (como siguió) al frente de la burocracia cultural de la isla. Me explico. Yo continuaría defendiendo la independencia de Cuba y los méritos relativos de la revolución en materia de educación y salud. Seguiría, también, condenando la ceguera de los sucesivos gobiernos de Washington, ferozmente contrarios a Cuba como si la antigua colonia de España debiera ser, ahora y por siempre, protectorado de Estados Unidos. Ello le permitiría a Castro presentarse como defensor de la independencia cubana. Este motivo se hubiese evaporado con una política norteamericana, no de apoyo, sino de relación normalizada con Cuba. El hecho es que ni Estados Unidos le tendió la mano a Cuba, ni Cuba cedió ante los "gringos", pero se enajenó a Moscú y al bloque soviético.

Así las cosas, yo podría sorprenderme del ataque a Neruda, primero, porque desconocía el rumbo que tomaban tanto la Guerra Fría como las políticas de coexistencia y distensión en la era nuclear. Y segundo, porque la militancia comunista de Neruda era antigua, y superior a la de los propios funcionarios cubanos que lo amonestaron.

Véase: de Chile al Asia, cónsul en Colombo, Batavia (donde se casa con María Antonieta Hagenaar), Singapur y de regreso a Chile en 1932. Enseguida cónsul en Buenos Aires, amistad con Federico García Lorca, con quien da una famosa "conferencia al alimón" en el Pen Club de Buenos Aires y en 1935 cónsul en Madrid. Ahí nace su hija, Malva Marina, afectada de hidrocefalia. Se separa al cabo de María Antonieta e inicia una larga relación con la argentina Delia del Carril.

De esta época datan los primeros libros de Neruda, *Crepusculario* (1923) y *Veinte poemas de amor y una canción desesperada* (1924):

"Puedo escribir los versos más tristes esta noche...
Ella me quiso, a veces yo también la quería."

Tentativa del hombre infinito (1926). Y ese mismo año *Anillos* y *El habitante y su esperanza. El hondero entusiasta* en 1933:

"Libértame de mí. Quiero salir de mi alma."

También en 1933, la primera *Residencia en la tierra*:

"Y por oírte orinar, en la oscuridad, en el
fondo de la casa
como vertiendo una miel delgada, trémula, argentina, obstinada",

seguido de la segunda *Residencia*:

"Si me preguntan en dónde he estado
debo decir 'sucede'",

tema retomado en el gran poema *Walking Around*:

"Sucede que me canso de ser hombre...
El olor de las peluquerías me hace llorar a gritos".

La guerra de España afecta a Neruda en todos los sentidos. Aquí están sus amigos Altolaguirre, Alberri, Emilio Prados, Luis Cernuda, León Felipe, José Herrera Petere, José Bergamín y pronto muerto, Miguel Hernández y asesinado, García Lorca. En Chile atacan a Neruda, Pablo de Rokha lo acusa de plagiarlo. Huidobro está enojado porque Lorca celebra a Neruda como "el mejor poeta de América después de Rubén Darío". Y en 1936 el Frente Popular es elegido en España, y Francisco Franco se levanta en armas.

Neruda ayuda a organizar el congreso de escritores para la defensa de la cultura en 1937. Asisten Aragón, Max Aub, César Vallejo, Carlos Pellicer, Huidobro y Nicolás Guillén, así como la muy joven pareja de Octavio Paz y Elena Garro, que Neruda recibe en la estación de trenes.

Malva y la hija de Neruda se van a Holanda. Neruda embarca rumbo a Chile con Delia del Carril. Forma la Alianza de Intelectuales, publica su *España en el corazón*, explicativa del momento:

"Preguntaréis ¿por qué su poesía
no nos habla del sueño, de las hojas,

de los grandes volcanes de su país natal?
Venid a ver la sangre por las calles,
venid a ver
la sangre por las calles,
¡venid a ver la sangre
por las calles!"

El presidente Pedro Aguirre Cerda le encarga a Neruda asistir a los exiliados republicanos de la Guerra Civil Española. "Tráiganme millares de españoles —le indica Aguirre Cerda—, tenemos trabajo para todos". El barco *Winnipeg* llega a Valparaíso con el gran grupo de españoles, algunos de los cuales, pocos años después, serían mis profesores en escuelas chilenas. Nombrado cónsul en México, Neruda da un visado a David Alfaro Siqueiros para pintar el mural de una escuela en Chillán, ciudad devastada por el terremoto de 1939. Siqueiros se aleja así de las acusaciones por el atentado contra la vida de Trotsky. La guerra mundial parecería absolver a Stalin: la resistencia soviética a la invasión nazi consigna al olvido el pacto Ribbentrop-Molotov de 1939. Stalin aparece, heroico, en la portada de *Time*, su rostro azotado por la nieve. Neruda canta al "padre de los pueblos". Ana Ajmatova pasa de ser tratada de "prostituta" a heroína de Leningrado. Sergei Einsenstein, quien ha exaltado el nacionalismo ruso en *Alejandro Nevsky* (1939) se prepara para filmar la doble faz de la tiranía en *Iván el terrible* (1943-1946): unificador de Rusia y amo de

Rusia. Stalin escoge la primera versión. Muchos amigos de la URSS ya se decepcionaron: André Gide a la cabeza. Neruda tardará hasta la denuncia de Stalin por Krushov en 1956, ante el XX Congreso del PC.

—No sabíamos —me dice Neruda con asombro.

No le creo. Lo leo, pues de esta época es el magnífico *Canto general* (1945), el más vasto poema sobre la grandeza y servidumbre de la América indo-hispana-nuestra América, que como poema es el espejo de las alturas y caídas, de las felicidades e infierno de nuestras patrias. Es increíble la fraternidad lírica del poema con la realidad histórica que evoca. Al cabo, se dejan atrás las chaturas y se retienen, incomparables, las alturas. *Alturas del Machu Picchu*:

"Piedra en la piedra, el hombre, ¿dónde estuvo?

Aire en el aire, el hombre, ¿donde estuvo?

Tiempo en el tiempo, el hombre, ¿donde estuvo?

[...]

Sube a nacer conmigo, hermano.
Dame la mano desde la profunda
zona de tu dolor diseminado."

Elegido senador en ese mismo 1945 por el Partido Comunista, al que Neruda ingresa el 18 de junio. Desde la elección de Aguirre Cerda hasta la muerte de Juan Antonio Ríos en

1946, el Frente Popular reúne a los partidos comunista, socialista y radical. Nadie más radical que el radical Gabriel González Videla, elegido presidente y sometido a una presión, resistible por otro mandatario (pienso en Ricardo Lagos) que desemboca en la ruptura con el PC chileno y sus tres ministros en el gobierno. Neruda ataca a González Videla y éste promueve el desafuero y detención del poeta. Neruda encuentra refugio inmediato en la embajada de México, presidida por el grande y noble don Pedro de Alba e inicia una difícil retirada a la Argentina, disfrazado, a pie, a caballo, barbado, armado de una cédula de identidad falsa. "Neftalí Reyes", que se convirtió en "Pablo Neruda" ahora, pasajeramente, será "Antonio Ruiz Legorreta".

Miguel Ángel Asturias, Luis Cardoza y Aragón, Paul Éluard y Pablo Picasso van extendiendo la protección de la amistad a Neruda. El poeta se siente feliz escribiendo *Las uvas y el viento* (1954). Sus lectores, no tanto. Aquí, por una vez, la ideología abruma al verso. Pero la poesía renace en el exilio de la isla de Capri, evocado de manera tan bella por Antonio Skármeta en *El cartero de Neruda* y luego en la ópera de Daniel Catán, Pablo se ha enamorado y le escribe a Matilde Urrutia *Los versos del capitán* (1952), obra de "ese pobre muchacho que te quiere" a la mujer que lo acompañará hasta la muerte.

De regreso a Chile en 1952, Neruda tendrá tres casas. En Santiago, la Casa Michoacán: biblioteca y caracolas. En Valparaíso, la Sebastiana, una casa que parece modelo para la ciudad entera, como lo es Valparaíso para la Sebastiana. Y en la costa, Isla Negra: mascarones de proa, las piedras que recogen el llanto, la oración, el cortejo, el albedrío; la antigua noche, la sal desordenada, el latido del océano, el rumor de la costa: el mascarón de proa de Neruda.

Todo ello radica a Neruda en Chile, pese a sus muchos viajes a Europa y Asia. En 1954, publica las *Odas elementales*, que serán continuadas en 1956 y 1957 y que son un maravilloso re-encuentro de la palabra con las cosas ausentes de ella: la alcachofa, el caldillo de congrio, la madera, el tomate, el aceite, el jabón, la mariposa y el limón, las tijeras y un ramo de violetas.

"En el mar / tormentoso / de Chile / vive el rosado congrio, / gigantesca anguila / de nevada carne".

Y en las cosas, de las cosas, para las cosas, están los seres humanos, "somos los pequeñitos / pescadores, / los hombres de ladrillo, / tenemos frío y hambre".

Vuelvo al inicio, repasando apenas el triunfo electoral de Salvador Allende en 1970, la embajada de Neruda en París y su regreso a Chile en 1972, enfermo ya, para morir, días después del infame golpe militar de 1973, encabezado por un tirano de voz aflautada y corrupción pandillera, Augusto Pinochet.

Recuerdo a Neruda.

Si sus disputas con los hombres de su generación fueron a menudo amargas, con nosotros, los escritores entonces jóvenes, siempre fue generoso, abierto, inteligente, capaz de diálogo, razón y disensión. Y es que lo que nos unía era muchísimo más grande que lo que pudiese separarnos. Escribimos nuestras novelas bajo el signo de Neruda: darle al pasado inerte un presente vivo, prestarle voz actual a los silencios de la historia. Esta raíz genética fue mucho más importante que nuestras discrepancias acerca de la forma que el futuro debiese adoptar, porque si no salvábamos nuestro pasado para hacerlo vivir en el presente, no tendríamos futuro alguno.

El día en que murió mi amigo Neruda, recordé sobre todo la comunidad de valores que compartimos y quisimos mantener. La velación de Neruda tuvo lugar en una casa tomada. Soplan los vientos finales del invierno austral a través de ventanas rotas, removiendo las cenizas de libros quemados. Una casa saqueada, una nación violada. Esta terrible coincidencia de dos agonías me hace recordar algo que una vez me dijo Pablo:

—Nosotros, los escritores latinoamericanos, quisiéramos volar. Pero nuestras alas cargan el peso de la sangre de nuestros pueblos.

El pueblo libre por el cual Neruda dio tanto de su vida fue asesinado por una pandilla de hombres desleales a su juramento de fidelidad a Chile. Un jefe de Estado que no mató a nadie, Salvador Allende, fue empujado a la muerte, quizás porque respetaba demasiado la vida.

¿Hemos, Bolívar, arado en el mar? La vida y la obra de Neruda nos dicen que no es así. Hemos llorado por el poeta y su pueblo. Pero un poeta no es su cuerpo, ni su posición política, ni sus opiniones personales. Un poeta es la totalidad de un lenguaje. Y el lenguaje del *Canto general*, *Residencia en la tierra*, *Odas elementales* y *Veinte poemas de amor* no ha muerto. Conoce, aún, ya lo dije, la gloria del anonimato: los poemas de Neruda son cantados con desafío y gritados con rabia y murmurados con amor por millones de Latinoamericanos que, a veces, ni siquiera saben el nombre del poeta que escribió las palabras:

"Eres, Chile… un niño
que no sabe su nombre todavía…"

Una poesía sin forma. Como un templo, como una montaña.

Las cosas no nos pertenecen a todos. Pero las palabras sí. Las palabras son la primera y más natural instancia de una propiedad común. La escritura, lo quiera o no el escritor, es siempre una comunidad y una comunión. Pablo Neruda no es dueño sólo de las palabras que escribió porque él no es sólo Pablo Neruda. Es el poeta: es todos. El poeta nace después de su acto: el poema. El poema crea al autor así como crea al lector.

La poesía de Neruda regresó como una promesa de libertad a su pueblo injuriado. Su poesía volvió a ser desierto y mar, montaña y lluvia. Su poesía volvió a ser, como en un principio, Temuco, Atacama, Biobío.

En 1913, en mi patria mexicana, otro presidente que respetaba la vida y la justicia, otro Salvador Allende llamado Francisco Madero, fue asesinado por otro Pinochet llamado Huerta. Los militares tomaron el poder y proclamaron el control de la situación. Pero entonces, de las sombras de la historia, surgieron los nombres sin nombre, Emiliano Zapata, Pancho Villa…

Temuco, Atacama, Biobío. De los nombres de la poesía de Pablo Neruda surgieron también los hombres y las mujeres de la democracia chilena. Porque nos dio un pasado y un presente, Pablo Neruda estará con nosotros en la arriesgada conquista del futuro.

Julio Cortázar

Como sucede, lo conocí antes de conocerlo. En 1955 editaba yo una *Revista Mexicana de Literatura* con el escritor tapatío Emmanuel Carballo. Allí se publicó por primera vez en México una ficción de Gabriel García Márquez, *Monólogo de Isabel viendo llover en Macondo.* Gracias, también, a nuestras amigas Emma Susana Speratti y Ana María Barrenechea, pudimos obtener colaboración de Julio Cortázar.

Los buenos servicios y *El perseguidor* aparecieron por primera vez en nuestra revista renovadora, alerta, insistente, hasta un poco insolente. Más tarde, casi como parte de una conspiración, Emma Susana me dejó leer el manuscrito de una novela de Cortázar cuyo eje narrativo era la descomposición del cadáver de una mujer enterrada con máximos honores bajo el obelisco de la Avenida 9 de Julio, en Buenos Aires. En ondas concéntricas, la peste, la locura y el misterio se extendían desde allí al resto de la República Argentina.

Finalmente, Julio no quiso publicar esta novela; temió que fuese juzgada como un tópico. Lo importante ahora es recordar que él fue un hombre que siempre se reservó un misterio.

¿Cuántas páginas magistrales quemó, desfiguró, mandó a un cesto o a un archivo ciego?

Después, sin conocernos aún, me mandó la carta más estimulante que recibí al publicar, en 1958, mi primera novela, *La región más transparente.* Mi carrera literaria le debe a Julio ese impulso inicial, en el que la inteligencia y la exigencia, el rigor y la simpatía, se volvían inseparables y configuraban, ya, al ser humano que me escribía de *usted* y con el que yo ansiaba romper el turrón. Su correspondencia era el hombre entero más ese misterio, esa adivinanza, ese deseo de confirmar que, en efecto, el hombre era tan excelente como sus libros y éstos, tan excelentes como el hombre que los escribía.

Por fin, en 1960, llegué a una placita parisina sombreada, llena de artesanos y cafés, no lejos del Metro Aéreo. Entré por una puerta cochera a un patio añoso. Al fondo, una antigua caballeriza se había convertido en un estudio alto y estrecho, de tres pisos y escaleras que nos obligaban a bajar subiendo, según una fórmula secreta de Cortázar.

Verlo por primera vez era una sorpresa. En mi memoria, entonces, sólo había una foto vieja, publicada en un número de aniversario de la revista *Sur,* un señor viejo, con gruesos lentes, cara delgada, el pelo sumamente aplacado por la gomina, vestido de negro y con un aspecto prohibitivo, similar al del fatídico personaje de las historietas llamado Fúlmine.

El muchacho que salió a recibirme era seguramente el hijo de aquel sombrío colaborador de *Sur*: un joven desmelenado, pecoso, lampiño, desgarbado, con pantalones de dril y camisa de manga corta, abierta en el cuello; un rostro, entonces, de no más de veinte años, animado por una carcajada honda, una mirada verde, inocente, de ojos infinitamente largos y separados y dos cejas sagaces, tejidas entre sí, dispuestas a lanzarle una maldición cervantina a todo el que se atreviese a violar la pureza de su mirada.

—Pibe, quiero ver a tu papá.

—Soy yo.

Estaba con él una mujer brillante, pequeña, solícita, hechicera y hechizante, atenta a todo lo que sucedía en la casa, Aurora Bernárdez. Entre los dos formaban una pareja de alquimistas verbales, magos, carpinteros y escribas, de esos que durante la noche construyen cosas invisibles cuyo trabajo sólo se percibe al amanecer.

Éste era Cortázar entonces, y Fernando Benítez, que me acompañaba en la excursión a la plaza del General Beuret, estuvo de acuerdo con mi descripción pero añadió que ese rostro de muchacho, cuando se reía, cuando se ensimismaba, cuando se alejaba o acercaba demasiado (pues Julio era una marea, insensible como los movimientos de plenitud y resaca de los mares que tanto persiguió) empezaba a llenarse de diminutas arrugas, redes del tiempo, avisos de una existencia anterior, paralela, o continuación de la suya.

Así nació la leyenda de un Julio Cortázar que era la versión risueña de Dorian Gray.

Lo sabía todo. Era el latinoamericano en Europa que sabía algo más que los europeos. Y ese algo más —el Nuevo Mundo americano— era lo que los propios europeos inventaron pero no supieron imaginar: el hombre tiene dos sueños. Hay más de un paraíso.

Cortázar llegó tarde a México. Me dijo después de su viaje en 1975 que Oaxaca, Monte Albán, Palenque, eran lugares metafísicos donde convenía pasarse horas de quietud, en silencio, aprovechando eso que Henry James llamaba "una visitación". El silencio se imponía; la contemplación era la realidad.

Otro día, yo llegué a Palenque pensando en Cortázar. La presencia de mi amigo argentino en la selva de Chiapas se transformó en una visualización concreta de ese instante en el que la naturaleza cede su espacio a la cultura, pero la cultura está siendo recuperada, al mismo tiempo, por la naturaleza. Miedo al desamparo, que puede ser una expulsión, pero también miedo al refugio, que puede ser una prisión.

Imagino a Cortázar en el filo de la navaja de una naturaleza y una cultura contiguas pero separadas aún, invitando al espectador a unirse a la intemperie de una o la protección de otra. Recordé una frase de Roger Caillois, amigo mío y de Cortázar: "El arte fantástico es un duelo de dos miedos".

Por supuesto que Cortázar había estado en México antes de estar en México. Había estado en el México del rostro humano del ajolote, mirando a su espectador idéntico desde el fondo de una pecera de acuario.

Había estado también en el México soñado por un hombre europeo sobre una mesa de operaciones que se sueña tendido sobre la piedra de sacrificios de una pirámide azteca sólo porque, simultáneamente, un hombre está siendo sacrificado en la pirámide y por ello puede soñarse en el blanco mundo de un hospital que desconoce, a punto de ser abierto por un bisturí.

"El espíritu humano tiene miedo de sí mismo", leímos con Cortázar en Bataille. Las entradas y salidas del universo cortazariano, sus galerías comerciales que empiezan en París y terminan en Buenos Aires, sus ciudades combinatorias de Viena, Milán, Londres; sus tablones entre dos ventanas de un manicomio porteño; sus largas casas ocupadas implacable y minuciosamente por lo desconocido; sus escenarios teatrales invadidos por el entusiasmo de los espectadores o por la soledad de uno solo de ellos. John Howell, incorporado a otra historia que no es la suya. Para Cortázar, la realidad era mítica en este sentido: estaba también en el otro rostro de las cosas, el mínimo más allá de los sentidos, la ubicación invisible sólo porque no supimos alargar la mano a tiempo para tocar la presencia que contiene.

Por eso eran tan largos los ojos de Cortázar: miraban la realidad paralela, a la vuelta de la esquina; el vasto universo latente y sus pacientes tesoros, la contigüidad de los seres, la inminencia de formas que esperan ser convocadas por una palabra, un trazo de pincel, una melodía tarareada, un sueño.

La mirada de Cortázar —mirada de gato sagrado— quería ver el lado invisible de las cosas. Ese lado "invisible" era una inminencia, aún no sucedía. Iba a suceder. Quizá jamás sucedería. Salvo en una página de Cortázar, que de esta manera atribuía al poder creativo, a la creación de la imaginación, el poder oculto, el poder de ser o no ser en la vida diaria, teniendo existencia —"realidad"— suficiente en la página escrita.

El mundo en una página. Qué soberbia pretensión la de Cortázar. Qué humilde pretensión, también. Hay una relación inevitable entre el escritor argentino y la posición del país entre un vasto océano y una pampa igualmente interminable. Más el mar, porque hay que cruzarlo para llegar a la realidad complementaria, necesaria, innecesaria del continente y la cultura europea. Más la pampa, porque su inmensa llanura vacía reclama, también, una escritura. *Martín Fierro* de Hernández y *Facundo* de Sarmiento son los dos libros del conflicto original de Argentina. *Martín Fierro* sólo mira hacia adentro. *Facundo* mira hacia adentro también, sólo que no le acababa de gustar lo que ve y le pide al

Atlántico que le preste ideas, migrantes, perfiles que son los de la vasta migración europea —italiana, española, alemana, incluso británica— a la Argentina.

Borges llena el vacío con las construcciones imaginarias y al cabo dolorosamente complementarias de "El Aleph", que contiene todos los espacios del mundo, y de "La biblioteca de Babel", que da cabida a todos los tiempos. Cortázar llena este vacío con la comedia. Y doy a esta palabra su sentido original de "canto del pueblo" o, como lo prefiere Aristóteles, "canto a la alegría". En todo caso, el origen de la "comedia" no es ajeno al tema del desplazamiento. Los "cómicos" griegos, detestados en las ciudades, actuaban en los "comes" o aldeas. Al cabo, llegaron a la polis. Pero a mí me maravilla ver comedias antiguas —Aristófanes, Plauto— representadas en aldeas campesinas de México, donde el humor antiguo es más entendido y celebrado por los campesinos que por nosotros, los intrusos espectadores urbanos.

Comedia popular, desplazándose, ignorando convenciones posteriores a ella misma. Bastándose. En *Rayuela,* Cortázar reconoce este sentido arcano de la comedia. Personajes como Berthe Trépat, una pianista ninfómana delirante. El licenciado Juan Cuevas, un loco mexicano que hermana al humor con el azar y Ceferino Piris, otro uruguayo empeñado en la re-escritura del mundo.

Re-escribir al mundo. Tal es el empeño de esa suerte de alter ego de Cortázar en *Rayuela,*

Morelli, quien al indicarnos que hay "capítulos prescindibles" de *Rayuela*, acaso nos indica que *Rayuela* misma es prescindible, como toda obra humana, sobre todo la obra literaria. Sólo que Morelli, perverso, va por partes y des-construye la novela a través de signos de disminución. La razón es un burdel de vírgenes. La historia promete llegar a un reino milenario que, de serlo, dejaría de ser. La cultura es un mercado de pulgas. La sociedad es sólo una infatuación materio-espiritualista de Occidente, S. de R. L.

En este mundo están inmersos los protagonistas duplicados de *Rayuela*. En París, Oliveira y La Maga. En Buenos Aires, Traveler y Talita. Cada uno espejo del otro, un espejo sin reflejo, embadurnado como éste por la realidad irreducible de la pianista, el licenciado y el orate uruguayo, quienes a su vez, dependen de la imaginación (la escritura) de Morelli.

¿Qué espacio narrativo les queda, entonces, a los "protagonistas" Oliveira/Traveler y Talita/La Maga? Acaso, tan sólo, luchar con la palabra, que es el enemigo, para llegar a la comunicación. Objetivo imposible: *Rayuela* es una novela que en el proceso de escribirse se des-escribe, en el intento de ofrecer un lenguaje, crea un contra-lenguaje. Onomatopeya, neologismo, hacen saltar a la novela. Como ciertas escaleras de Cortázar, unas sirven sólo para subir y otras para bajar. Porque aparte de nuestros destinos individuales, somos parte de figuras que desconocemos y esas figuras nos anteceden a veces, otras son posteriores a nosotros. La novela las actualiza. Es un engaño, porque una ficción tiene tantas vidas como lectores.

¿Encontraría a La Maga? La interrogante inicial de *Rayuela* es también esta: ¿existiría la novela? Ambas preguntas nos indican el carácter inconcluso de *Rayuela*, su intento inútil de juntar los mundos separados mediante puentes y tablones, éxodos en busca de "la isla final", peregrinajes en pos del "kibutz del deseo".

Julio Cortázar pertenece a la tradición narrativa de Cervantes-Sterne-Diderot, que a su vez desciende de Erasmo de Rotterdam y su convicción de que las opiniones en pugna jamás pueden conducirnos a la verdad. Hay locuras engañosas que son locura absoluta. Y hay locuras saludables que conducen a la salud. Ser humano es errar, dice un anciano adagio. La locura es remedio, la ignorancia, el error, son lo humano. La locura es el remedio. "Sin mí —dice la Locura en Erasmo— el mundo no podría existir ni un momento. Porque, ¿no es locura cuanto hacen los seres humanos?"

La civilización se ubica entre dos estilos de la locura. San Pablo habla de volverse loco para volverse sabio, pues la locura de Dios es más sabia que toda la sabiduría de los hombres. Este giro teológico no es el de Cortázar, más cercano al loco erasmiano que vive muy contento en un teatro vacío, hasta que es expulsado y exclama: "No me curaron de mi locura, pero me privaron de mi placer". Éstas son las palabras que convienen a Cortázar. Como Erasmo, Cortázar da cabida a la dualidad de la verdad, la ilusión de las apariencias y el elogio de la locura: Berthe Trépat, el licenciado Cuevas, el "oriental" Piris. Aviso apenas de la "locura" de La Maga y Oliveira, de Talita y Traveler, todos ellos figuras emergentes, inacabadas, de la posibilidad, sin otra arma a la mano que el conflicto de lenguajes.

¿Un lenguaje, acaso, para la modernidad urbana emergente de la América Latina? ¿Una escritura que empieza por des-escribir el lenguaje heredado, la psicología educativa, la fidelidad excesiva —la determinación— a la historia y la extensión, apenas reconocida hoy, de todos nuestros pasados? Cortázar, qué duda cabe, escribe hoy, para la gente latinoamericana que no había nacido en 1964, cuando se publicó *Rayuela.*

Toda esta realidad en vísperas de manifestarse era la realidad revolucionaria de Cortázar. Sus posturas políticas y su arte poético se configuran en una convicción y ésta es que la imaginación, el arte, la forma estética, son revolucionarias, destruyen las convenciones muertas, nos enseñan a mirar, pensar o sentir de nuevo.

Cortázar era un surrealista en su intento tenaz de mantener unidas lo que él llamaba "la revolución de afuera y la revolución de adentro". Si a veces se equivocó en la búsqueda de esta fraternidad incansable, peor hubiera sido que la abandonara. Como un nuevo Tomás Moro en la ola de un renacimiento oscuro que podía conducirnos a la destrucción de la naturaleza o al triunfo de una utopía macabra y sonriente a la vez, Cortázar vivió un conflicto al que pocos escaparon en nuestro tiempo: el conflicto entre el afuera y el adentro de todas las realidades, incluyendo la política.

Coincidimos políticamente en mucho, pero no en todo. Nuestras diferencias, sin embargo, aumentaron nuestra amistad y nuestro mutuo respeto, como debe ser en el trato inteligente entre amigos, que no admite ambición, intolerancia o mezquindad. No puede, realmente, haber amistad cuando estos defectos arrebatan al que se dice nuestro amigo. Todo lo contrario sucedía con Cortázar: sus sinónimos de la amistad se llamaban modestia, imaginación y generosidad.

Este hombre era una alegría porque su cultura era alegre. Gabriel García Márquez y yo lo recordamos siempre agotando los conocimientos sobre novela policiaca en un largo viaje de París a Praga en 1968, con la buena intención de salvar lo insalvable: la primavera del socialismo con rostro humano.

Sentados en el bar del tren, comiendo salchichas con mostaza y bebiendo cerveza, oyéndole recordar la progenie del misterio en los trenes, de Sherlock Holmes a Agatha Christie a Graham Greene a Alfred Hitchcock… para pasar, sin transición, a una minuciosa rememoración del uso de la música de piano en el cine. Lo recuerdo en los recovecos de la Mala Strana donde algunos conjuntos de jóvenes checos tocaban jazz y Cortázar se lanzaba a la más extraordinaria recreación de los grandes momentos de Thelonius Monk, Charlie Parker o Louis Armstrong: lo recuerdo.

No olvido la mala pasada que me jugaron Gabo y Julio, invitados por Milan Kundera a oír un concierto de música de Janacek, mientras yo era enviado con la representación de mis amigos a hablarles de Latinoamérica a los obreros metalúrgicos y a los estudiantes trotskistas. "Che, Carlos, a ti no te cuesta hablar en público; hacelo por Latinoamérica…". Algo gané, musicalmente: Descubrí que en las fábricas checas, para aliviar el tedio estajanovista, los altavoces tocaban el día entero un disco de Lola Beltrán cantando "Cucurrucucú, Paloma".

Lo recuerdo en nuestras caminatas por el Barrio Latino a caza de la película que no habíamos visto, es decir, la película nueva o la película antigua y vista diez veces que Cortázar iba a ver por primera vez: adoraba lo que enseñaba a ver, que le auxiliara a llenar los pozos claros de esa mirada de gato sagrado, desesperado por ver, simplemente porque su mirada era muy grande.

Antonioni o Buñuel, Cuevas o Alechinsky, Matta o Silva: Cortázar como ciego a veces, apoyado en sus amigos videntes, sus lazarillos artísticos. Lo recuerdo: la mirada inocente en espera del regalo visual incomprable.

Lo llamé un día el Bolívar de la novela latinoamericana. Nos liberó liberándose, con un lenguaje nuevo, airoso, capaz de todas las aventuras: *Rayuela* es uno de los grandes manifiestos de la modernidad latinoamericana, en ella vemos todas nuestras grandezas y todas nuestras miserias, nuestras deudas y nuestras oportunidades, a través de una construcción verbal libre, inacabada, que no cesa de convocar a los lectores que necesita para seguir viviendo y no terminar jamás.

Porque la obra de Julio Cortázar es una vibrante pregunta sobre el papel posible de la novela por venir: diálogo pródigo, no sólo de personajes, sino de lenguas, de fuerzas sociales, de géneros, de tiempos históricos que de otra manera jamás se darían la mano, más que en una novela.

Diálogo de humores, añadiría yo, pues sin el sentido del humor no es posible entender a Julio Cortázar. Con él soportamos al mundo hasta que lo veamos mejor, pero el mundo también debe soportarnos hasta que nosotros nos hagamos mejores. En medio de estas dos esperanzas, que no son resignaciones, se instala el humor de la obra de Cortázar. En su muy personal elogio de la locura, Julio también fue ciudadano del mundo, como Erasmo en otro Renacimiento. Compatriota de todos, pero también, misteriosamente, extranjero para todos.

Le dio sentido a nuestra modernidad porque la hizo crítica e inclusiva, jamás satisfecha o exclusiva, permitiéndonos pervivir en la aventura de lo nuevo cuando todo parecía indicarnos que, fuera del arte e, incluso, quizás, para el arte, ya no había novedad posible porque el progreso había dejado de progresar.

Cortázar nos habló de algo más: del carácter insustituible del momento vivido, del goce pleno del cuerpo unido a otro cuerpo, de la memoria indispensable para tener futuro y de la imaginación necesaria para tener pasado.

Cuando Julio murió, una parte de nuestro espejo se quebró y todos vimos la noche boca arriba. Ahora, queremos que el Gran Cronopio compruebe, como lo dijo entonces Gabo, que su muerte era una invención increíble de los periódicos y que el escritor que nos enseñó a ver nuestra civilización, a decirla y a vivirla, está aquí hoy, invisible sólo para los que no tienen fe en los Cronopios.

Cuatro grandes gringos

Arthur Miller

1. Existe una fotografía de varios miles de parisinos marchando por la rue Soufflot hacia el Panteón el día de la toma de posesión del presidente de Francia, François Mitterrand, en mayo de 1981.

Entre la multitud, destaca un hombre más alto que cualquier otro. Quienes le conocen pueden identificar con facilidad a Arthur Miller, la cabeza descubierta en la tarde tormentosa, el impermeable arrojado sobre un hombro, los anteojos firmemente colocados en el perfil digno de las monumentales esculturas presidenciales del Monte Rushmore.

O como decía William Styron:

—Arthur Miller es el Abraham Lincoln de la literatura norteamericana.

Nada lo ha rebajado. Ni la tragedia personal. Ni el desafío político. Ni la moda intelectual. Ni, acaso, sus propios errores.

Yo crecí en Estados Unidos en los años treinta, ese "valle sombrío" como lo ha llamado el historiador británico Piers Brendon, la década cruel en la que los conflictos ideológicos, las políticas económicas y la condición misma del ser humano entraron en una profunda crisis.

Entre el crack financiero del año 29 y el estallido de la conflagración mundial del año 39, las respuestas a las crisis fueron remedios peores que la enfermedad: regímenes totalitarios, militarismo, cruentas guerras civiles, violaciones del derecho y de la vida, lasitud e indiferencia democráticas…

La gran excepción fue Estados Unidos de América. El presidente Franklin Delano Roosevelt y la política del Nuevo Trato no tuvieron que acudir a medidas totalitarias ni a supresión de libertades para afrontar los desafíos del desempleo, la crisis financiera, la pobreza de millones de ciudadanos y la quiebra de miles de empresas.

Roosevelt y el New Deal acudieron a lo más preciado que tiene Estados Unidos: su capital social, su dividendo humano. El país fue reconstruido con su potencial humano y social, pero también gracias al impulso dado a las artes y, muy particularmente, a las artes teatrales.

En este mundo se formó Arthur Miller y ese su perfil de Mount Rushmore es también el perfil de una era en la que la gran nación norteamericana depositó su confianza en la fuerza de trabajo del pueblo y actuó con la energía y la justicia que se dan cuando, como entonces, los ideales y la práctica se unen.

Más tarde —o cada vez que— Estados Unidos ha divorciado los ideales de la práctica —cuando sus gobernantes han dicho que Estados Unidos no tiene amigos, sólo intereses, cuando sus mandatarios han afirmado que Estados Unidos "es el único modelo superviviente del progreso humano", excluyendo al resto de la humanidad, es decir, a todos nosotros—, yo vuelvo la mirada a Roosevelt, al Nuevo Trato y al teatro de Arthur Miller, altísima representación artística de una política humana de inclusión permanente, de fraternidad que se reconoce a sí misma abrazando a los demás y diciéndoles:

—Ustedes, los demás, nunca serán los de menos.

Él se enfrentó al senador McCarthy, que con el pretexto de combatir al comunismo replicó las prácticas del estalinismo: la delación, los juicios amañados, la destrucción de vidas, familias, reputaciones, carreras.

Él se enfrentó a los senadores McCarran y Walter, que le retiraron el pasaporte, como si el ejercicio de la crítica fuese una traición a la patria.

Los senadores han sido olvidados.

Pero su amenaza debe ser recordada.

El horizonte del siglo XXI se abre con sombríos nubarrones de racismo, xenofobia, limpieza étnica, nacionalismos extremos, terrorismo sin rostro y terrorismo de Estado, hegemonías arrogantes, desprecio del derecho internacional y sus instituciones, fundamentalismos de varia especie…

¿Qué subyace a todos estos peligros?

No el eje del mal sino el mal de la intolerancia y el desprecio hacia lo diferente.

Sé como yo, piensa como yo, y si no, atente a las consecuencias.

La obra teatral de Arthur Miller es una propuesta humana incluyente, un llamado a prestarle atención y darle la mano, precisamente, a quienes no son como tú y yo, a los hombres y mujeres que, gracias a su diferencia, completan nuestra propia identidad.

Reconocernos en él o ella que no son como tú y yo:

Quizás esta voluntad, expresada en términos de conflicto dramático, sea el sello común de los dramas de Miller.

Todos son mis hijos, *Las brujas de Salem*, *La muerte de un viajante*, *Panorama desde el puente*, *Después de la caída*. Arthur Miller nos ha hecho sentir que los dilemas de los hombres y mujeres de Norteamérica son nuestros, compartidos por un mundo al que Miller le dice: También hay una América herida en su humanidad, como lo están todos ustedes, nuestros hermanos. En *La muerte de un viajante*, Willy Loman nos habla trágicamente desde el abismo de una creciente separación entre ser y no ser, tener y no tener, pertenecer o no pertenecer, amar y ser amados.

Digo "trágicamente" y aludo así a Miller no sólo como heredero del teatro de Ibsen, sino del teatro de catarsis de Sófocles. En verdad, los conflictos humanos y situaciones sociales del teatro de Miller se sustentan en una visión trágica renovada que nos dice: No nos engañemos.

No vivimos en el mejor de los mundos posibles. Nos incumbe recrear una comunidad humana, una ciudad digna de nuestras mejores posibilidades como criaturas de Dios.

Sabernos falibles para sabernos humanos para sabernos solidarios. El teatro de Arthur Miller posee el poder de convertir la experiencia en destino y el destino en libertad.

Sí, William Styron dice que Miller es un Lincoln de las letras.

Yo digo que es un Quijote en el gran escenario del mundo, probándonos, una y otra vez, que los molinos son gigantes y que la imaginación humana, si no puede por sí sola cambiar al mundo, sí puede, siempre puede, fundar un mundo nuevo y, con esperanza, un mundo mejor.

2. En 1966, Miller nos recibió a mí y a varios escritores excluibles e indeseables por la política de la Guerra Fría bajo el toldo de la filial norteamericana del Pen Club de Nueva York. El evento reunió a autores de muchas ideas y varias naciones, incluyendo, por vez primera, a escritores del bloque soviético. Neruda y yo escribimos entonces que quizás la Guerra Fría se deshelaba un poco, al menos en territorios de la cultura.

Comento en el capítulo que dedico a Neruda la respuesta oficial cubana. La Guerra Fría, dijeron desde La Habana, debe continuar porque hay dos "ideologías" —comunismo y capitalismo— irreducibles e irreconciliables. Miller vio más allá de esta mentalidad maniquea, proponiendo un mundo en movimiento, un mundo en el que los seres humanos, sus ideas, sus deseos, sus dudas, se encuentran y a veces se hieren, pero al cabo se crean entre sí, promueven una nueva realidad.

Miller, en su teatro, buscó este grano de verdad común a posiciones opuestas. Tal ha sido, desde Sófocles, el origen del teatro trágico. La tragedia es el reconocimiento de la verdad del otro, y la escena es el espacio requerido para que la experiencia se convierta en conocimiento.

En sus memorias, *Timebends*, Miller nos cuenta cómo escribió *The Crucible*: "Supongo que durante mucho tiempo buscaba a un héroe trágico... Mientras más trabajaba, más seguro estaba de que, por improbable que pareciese, hay momentos en que sólo la conciencia individual impide que el mundo fracase".

Miller creía en la capacidad humana para salir de "las piscinas del instinto" y de "los oscuros atavismos de la sinrazón y la guerra". Sin embargo, al conocer la desaparición de John F. Kennedy, sintió angustia de saber que la muerte puede atravesar con un dedo "la delicada red del porvenir" y que, a veces, "el cosmos, simplemente, cuelga el teléfono".

Sin embargo, Miller le dijo al entonces presidente de la URSS, Mijail Gorbachov, que "la historia es el equipaje de nuestra mente" y que deberíamos, al menos, permitirle a la vida que no sirva, sino que gobierne, los argumentos que "cada parte quisiera comprobar ideológicamente".

Vivo parte del año en Londres, y una de las razones es que en el Reino Unido pude ver las obras de Arthur Miller que no se estrenan en Nueva York. La diferencia es que la Gran Bretaña, junto con los países de la Comunidad Europea, tiene un teatro de repertorio, presupuesto público para las artes y un cuerpo descentralizado de teatros independientes del dominio metropolitano de Londres, dirigiéndose a un público orientado a la calidad y creado, precisamente, por políticas públicas.

De Chichester a Edimburgo, de Nancy a Aviñón, de Barcelona a Mérida, de Hamburgo a Munich y Salzburgo. Gran diferencia con el teatro neoyorquino, donde, a menudo, un solo periódico y a veces un solo crítico pueden decidir el destino —la vida o la muerte— de una obra de teatro que, es concebible, merecería más atención y abarcaría más promesas que las que un solo periódico o un solo crítico le reservarían.

Como presidente del Pen, Miller defendió a muchos escritores sometidos a cárcel o a censura. Milan Kundera, aún en Praga, sufre "presiones terribles", le escribí a Miller, recordándole que Milan pudo salir de Checoslovaquia en 1968, pero prefirió quedarse y pelear. En vez, el régimen lo despojó de su biblioteca y le dio un empleo de jardinero público. Otro caso atendido por Miller fue el del escritor mexicano José Revueltas. En noviembre de 1968 le hice llegar a Miller una protesta de escritores españoles y latinoamericanos a favor de Revueltas, injustamente encarcelado por el régimen autoritario de Gustavo Díaz Ordaz. Recordé que Revueltas escribió las primeras novelas socio-psicológicas de nuestra literatura y que en 1968 apoyó a los estudiantes que lucharon por las libertades públicas en México. En noviembre, Revueltas fue invitado a "dialogar" con un funcionario del gobierno mexicano. El supuesto "diálogo" era una trampa. Revueltas fue arrestado y encarcelado "incomunicado". Se le acusó de crímenes increíbles: robo, asesinato, sedición y llamado a la violencia. En realidad, su único crimen consistió en ejercer derechos que le otorgaba nuestra Constitución.

Estoy seguro de que, de una u otra manera, la protesta internacional a favor de Revueltas ayudó al novelista de *El luto humano*, *Los muros de agua* y *Los errores*, acordes con el credo público de Miller:

"Un artista tiene suerte si vive en un tiempo y un país sin política, pero aun la buena fortuna tiene un precio, pues un país sin política carece de destino y el escritor debe inventar lo que la naturaleza no ha proporcionado... Pero nuestro destino, a pesar de todo, es político.... yo detesto la política tanto como detesto el teatro, donde la verdad es reconocida pocas veces y la falsedad casi siempre es aclamada. Como el actor, el político pronto pierde el matiz inicial de la nobleza y descubre que, casi siempre, los que conocen la verdad no la dicen y los que la dicen no la conocen. El arte es largo y se supone que sobrevivirá al poder. Hay sistemas políticos que imposibilitan al arte y lo destruyen cuando se manifiesta. Hay tendencias humanas que apoyan estos sistemas. Por eso no hay conflicto fundamental entre ser artista y participar en política. La presencia de ambos consiste en humanizar al hombre y a la vida."

En febrero de 1965, Miller me propuso que le sucediera como presidente del Pen internacional. Exaltó la existencia de una arena donde los "tres mundos" podían encontrarse sin ser devorados por los conflictos ideológicos. Hube de declinar la oferta de Miller por muchas razones. Mi disputa con el gobierno de México, que acababa de negar la posibilidad de filmar mi novela *Zona sagrada*. Mi dificultad para entrar a Estados Unidos. Mis diferencias con el mundo soviético a partir de la invasión de Checoslovaquia. Y en Cuba, me preocupaban las señas de estalinización en la cultura. En vez, le propuse a Miller, carta del 16 junio de 1969, a Mario Vargas Llosa como el candidato ideal, en virtud de "su energía, lucidez, experiencia como educador y cercanía a los problemas básicos del escritor en el mundo no-industrial".

Por fortuna, esta candidatura prosperó.

3. Miller tuvo un matrimonio muy comentado y muy difícil con la actriz Marilyn Monroe. Ésta sentía una gran necesidad de superarse. Asistió a los cursos de actuación de Lee Strasberg. Leyó a Dostoyevsky. Y se casó con Arthur Miller. Sólo que no le hacía falta ser algo más que ella misma, la bella mujer asombrada del mundo, herida en su sensibilidad y a pesar de todo, alegre y confiada. Seguramente Miller vio en ella todas estas cualidades. La llevó a vivir a la casa de campo en Connecticut. Sólo que, invitados a cenar por alguno de los escritores del rumbo, Marilyn empezaba a prepararse al mediodía, se peinaba, se maquillaba, se despeinaba para peinarse de nuevo, cambiaba el maquillaje, bebía para calmarse, volvía a beber y a las seis de la tarde ya no podía ir a ningún lado.

Miller tuvo mejor fortuna casándose, más tarde, con Inge Morath, la gran fotógrafa de Magnum, la agencia de Henri Cartier-Bresson. La conocí, muy jóvenes los dos, en 1959, cuando me fotografió en el atrio de la calle de Liverpool donde yo escribía. La frecuenté a lo largo de su matrimonio con Miller, lúcida, activa, preocupada por el mundo y la vida y madre de dos hijos de Arthur. Sentí su muerte como una gran pérdida.

Hablé en un homenaje a Miller en un teatro de Manhattan. Luego, fui a cenar con él y el actor Eli Wallach en *Sardi's*, el restorán teatral de la calle 44. Comíamos cuando se acercó a Miller un hombre joven y alto. Bajó la cabeza y le susurró algo inaudible a Miller en el oído. El escritor se levantó, tomó al joven de las solapas, lo llevó hasta la puerta del restorán y lo arrojó la calle.

John Kenneth Galbraith

Durante los funerales del presidente John F. Kennedy, muchos dignatarios extranjeros, así como personalidades de Estados Unidos, se reunieron en las salas de recepción de la Casa Blanca.

Dos perfiles nadaron por encima del mar de gente: los del presidente de Francia, Charles de Gaulle, y el profesor de Harvard, John Kenneth Galbraith.

—Me llamó la atención que hubiese aquí un hombre más alto que yo —le dijo De Gaulle (seis pies y seis pulgadas) a Galbraith (siete pies, o acaso, dicen sus muchas admiradoras, siete pies en todos los sentidos).

—¿Qué nos distingue del resto de la humanidad? —continuó, imperativo como era, el presidente de Francia.

—Primero —dijo con lentitud solemne Galbraith—, somos más notados que los demás, como acaba usted de comprobarlo. Y segundo, estamos obligados a ser más virtuosos, dado que todos nos miran. No tenemos dónde escondernos.

—Muy bien, muy bien —sonrió De Gaulle—. Pero no olvide que debemos ser implacables con los hombres de baja estatura.

Claro, todo francés lleva un Napoleón escondido en el bolsillo, de la misma manera que cada soldado de Bonaparte llevaba un bastón de mariscal en su mochila. Galbraith, hijo de las generosas llanuras del Canadá, no escondía nada. Su altura era tan sólo la forma vertical de la llaneza. Su franqueza, así le diese el derecho —Galbraith, recto como una flecha— de mirar las locuras del mundo desde su personal atalaya, con una seca ironía.

Lo importante, sin embargo, era que el pensamiento de Galbraith era aún más alto que él. Pero no estaba en las nubes. Galbraith, el Anteo de la social-democracia norteamericana (lo que ellos llaman "liberalismo") fue el Quijote de la ciencia económica. Lo vimos, lanza en mano, vencer a gigantes reaccionarios, levantarse contra los molinos de viento de las más piadosas ilusiones conservadoras y revelar, detrás de la pretendida nobleza de los barones de la derecha, la faz avara del usurero menos aseado.

Era, sin embargo, un hombre abierto a las razones del contrario, como lo demuestra su duradera amistad con el pontífice máximo del conservadurismo norteamericano, William Buckley, a quien Galbraith respetaba por su condición de *gadfly*, tábano derechista ilustrado, digno contrincante ideológico de Galbraith. Recordé que la familia Buckley había traído a

México, sobre todo Buckley padre, representante de la Texas Company y promotor de la intervención norteamericana en mi país, una política adversa a México. Galbraith sonrió y me recordó que en 1914 la intervención fue autorizada por el secretario de la Marina, Josephus Daniels, más tarde admirado embajador en México del presidente Franklin Delano Roosevelt, subsecretario de Daniels en 1914.

En otras palabras, la historia fluía y no podían mantenerse viejos agravios a costa de nuevas realidades y las oportunidades que conllevaban. Por la casa de Galbraith en Cambridge, Massachusetts, pasaban lo mismo Rajiv Gandhi, que sería primer ministro de la India, que Carlos de Borbón, que quería ser rey de España. Indico que el interés de Galbraith en personas distintas a él no rebajaba las convicciones propias que Galbraith mantenía con una reserva, dignidad y fortaleza ejemplares. Me di cuenta, frecuentándolo, que quienes se exponían a ser convencidos eran sus adversarios ideológicos. En este sentido, la relación de Galbraith con Buckley era algo más que una prueba para ambos. Era una constancia de que uno y otro, desde trincheras opuestas, podían dialogar.

¿Qué defendió, que proponía Galbraith en sus grandes libros? —*La sociedad de la abundancia*, *El nuevo Estado industrial*, *La economía y la función pública*, *La cultura de la satisfacción* y *La naturaleza de la pobreza de masas*—: que la vituperada intervención del Estado en la economía era insignificante comparada con la intervención económica permanente de las grandes corporaciones. Galbraith develó el teatro del mundo económico. Los gobiernos conservadores proclamaban la supremacía del mercado en todo menos dos cosas: salvar a las corporaciones privadas y aumentar los gastos de defensa. Éstos continuarían siendo responsabilidad del Estado, asunto que no puede dejarse a la caprichosa mano de Dios.

Ninguna compañía privada que se respete a sí misma, comentó Galbraith, se abandonaría a los vaivenes del mercado. Verdad central para fortalecer a los estados latinoamericanos, tan incipientes aún, sin menospreciar a la iniciativa privada y apelando a la sociedad civil. Quienes reclaman que el Estado se ausente, no podrían sostener, sin el Estado, los territorios que reclaman, trátese de la defensa nacional, de la solidaridad social o de la regulación de la banca privada.

Mi hijo Carlos, que era fotógrafo, sorprendió a Galbraith saliendo de su recámara, vestido con una bata japonesa, en una de tantas visitas que mi familia y yo hicimos a la casa de Ken y Kitty, su mujer. Gozamos de la infinita hospitalidad de nuestros amigos. La fotografía de mi hijo acentúa la figura de lápiz del profesor, su caligrafía personal y su devoción al Oriente. Galbraith nos acompañaría, cada mañana de ocho a nueve, en el desayuno y luego se encerraría en su estudio a escribir, recordándonos a todos que la caída del comunismo no aseguraba el triunfo de la justicia social. Anticipándose a nuestro propio tiempo, Galbraith nos advertía que los problemas eran nuestros, no una invención del enemigo, y que aunque éste —como sucedió—desapareciera, ello no resolvía nuestros propios asuntos.

Galbraith se anticipó así al nuevo postcomunismo ubicando la temática, no fuera, sino dentro de la propia sociedad industrial avanzada que tan claramente describió en sus libros. Algunos de ellos, escritos durante el ascenso del macartismo y su secuela de denuncias infundadas y destrucción de carreras, insisten en ubicar los problemas dentro del mundo capitalista y no expulsarlos al dominio brumoso de la conspiración extranjera.

Lo que Galbraith definió es que la economía no debe prestarse a legitimar el estado de cosas actual a fin de dominar al consumidor y conducirlo, con complacencia, a la pérdida de libertades en nombre de políticas arbitrarias y a corto plazo. En el reino de lo inmediato, lo posible es olvidado a nombre de lo imposible. El gobierno es visto como una carga indeseable, la inversión sólo se entiende a corto plazo, la especulación financiera se aprovecha de la situación y actúa en consecuencia, creando una economía gaseosa, de burbuja. Se canjean papeles, se pierde trabajo, producto y, al cabo, se pierden libertades.

Que estas previsiones críticas de Galbraith se hayan convertido en evidencias a principios del siglo XXI extendiéndose a las economías más desarrolladas explica, con gran anticipación, las crisis subsecuentes. En Europa, los problemas de la moneda común, el euro, y de los gobiernos asociados al mercado común. Y en Estados Unidos, el cierre de los portales del "sueño americano" a una clase media que siente en vivo la posibilidad de descender a clases inferiores. Ya Galbraith había advertido sobre la existencia de una "clase inferior funcional" a la que se le negaba el apoyo para salir de la inferioridad. Las políticas del *Nuevo Trato* dieron los programas y abrieron los caminos a las clases trabajadoras y medias. Los gobiernos republicanos, culminando con el de George W. Bush, quisieron cerrarlos. No nos engañemos. La crisis contemporánea de Norteamérica no es obra del presidente Barack Obama, sino de su antecesor, y de la trágica y contradictoria política de bajarle impuestos a los ricos y restarle servicios a los pobres: menos salud, menos educación, menos seguro social, en nombre del "ahorro" conservador disfrazado del "despilfarro" liberal.

Para Galbraith, el sujeto de la economía era, ni más ni menos, el ser humano, su bienestar, su salud, su educación y su esperanza. Fines al parecer modestos olvidados por el poder político y financiero pero recordados, nos recuerda Galbraith, por los ciudadanos comunes y corrientes que no han sido entrenados para inventar ilusiones.

Como ciudadano de México, agradecí la preocupación de Galbraith acerca del destino del trabajo migratorio en el mundo globalizado. Las previsiones de Galbraith nos permiten entender que Estados Unidos necesita al trabajador mexicano pero que México, aún más, necesita a sus propios trabajadores a fin de resolver problemas de pobreza, desempleo y violencia.

Crítico precavido del proceso global, Galbraith nos obliga a pensar que, si la globalización mueve dinero, valores, cosas, es mucho menos exitosa en el movimiento y protección del trabajo. La mente profética de Galbraith nos advierte sobre la necesidad de formular un *Nuevo Trato* global que tienda un puente entre el 20% de la población que recibe el 80% del ingreso mundial, y el 80% de la población que vive en los márgenes de la pobreza o del ingreso medio.

Alega Galbraith que si los "ilegales" en Estados Unidos fuesen expulsados, el efecto económico sería desastroso. Habría trabajos que nadie más querría hacer. Muchos trabajos tediosos aunque útiles se verían incumplidos. Frutas y vegetales en estados como California, Texas y Florida no serían recolectados. Los precios de los alimentos aumentarían de manera espectacular. Los trabajadores mexicanos quieren ir a Estados Unidos. Son necesarios. "Añaden visiblemente —alega Galbraith— a nuestro bienestar". Sin ellos, la economía norteamericana sufriría.

¿Qué mueve a la migración laboral? Hoy, alega Galbraith, se observan dos tipos de pobreza: la que aflige a las minorías en algunas sociedades y la que aflige a todos menos a la minoría en otras. Nadie, argumenta Galbraith, es pobre por voluntad divina, ni merece la miseria... La pobreza de masas no se debe a la escasez o abundancia de recursos naturales. West Virginia los tiene y es pobre. Connecticut no los tiene, y es rico.

¿Se deben la pobreza y el bienestar a la naturaleza del gobierno y del sistema económico? La historia nos demuestra que todo ejemplo tiene su opuesto y toda regla su excepción. China, pese a la retórica, ha hecho más para vencer la pobreza que la India, a pesar de la suya. ¿Es pobre un país porque carece de capital para el desarrollo? ¿Es pobre porque no tiene talentos técnicos y administrativos? ¿O no los tiene porque es pobre? ¿Es la pobreza tanto causa como consecuencia? ¿Se debe la miseria al clima o a la latitud? ¿Es la pobreza un legado del colonialismo? ¿Por qué hay pobres en las naciones colonizadoras? ¿Atacan los "espíritus del mal" a las naciones poco desarrolladas como alegan algunos misioneros?

¿O sufren los países pobres, como alegó Raúl Prebisch, de producir sobre todo materias primas y productos agrícolas?

Sólo que Estados Unidos y Canadá, Australia y Nueva Zelanda son grandes productores de productos primarios y no son pobres. Lenin vio la pobreza del llamado "tercer mundo" como contrapartida de la riqueza de las naciones avanzadas. Los ricos lo serían a costillas de los pobres. Pero la economía no es el problema permanente de la humanidad, advirtió Keynes. La pobreza de una parte del mundo amenaza la riqueza de la otra parte. "No podemos crear un paraíso interno, abandonar al mundo externo al infierno y sobrevivir".

¿Qué proponía, entonces, Galbraith? Reconocer algunas verdades dolorosas. Existe un "equilibrio de la pobreza". Romperlo es difícil. Hay una suerte de gravedad que regresa a los pobres a la pobreza. La vida es subsistencia. No hay ahorro. No hay, dentro de las sociedades agrícolas, inversión para el desarrollo. La gente, en consecuencia, sólo busca acomodarse a la situación. Un acomodo más completo mientras más bajo es el nivel de vida y menos posible el esfuerzo alterno para salir de él...

La "diferencia" entre diversas "comunidades" de la pobreza consistirían entonces —dice Galbraith— en el número de individuos que buscan escapar de este equilibrio, cambiándolo o abandonándolo. Migrando, o resignándose a que ser explotado es una miseria mejor que la miseria de no ser explotado. El abandono que acompaña muchas veces a la migración del campo a la ciudad —a México, a Lima, a Caracas—, ¿sería peor que la pertenencia, el "acomodo", a la pobreza rural?

¿Cómo cambiar este estado de cosas? Ante todo, negarse al acomodo, incrementar el número de personas que se niegan a ser "acomodadas", que desean escapar y necesitan que se les facilite el escape. O sea: démosle una alternativa al "acomodo". ¿De dónde proviene la alternativa? Obviamente, de la educación. Los jóvenes educados que no aceptan la fatalidad de la pobreza. Escapar de ella conlleva la posibilidad del fracaso. Pero, a veces, también, la del éxito. El equilibrio agrícola se rompería mediante métodos de producción agrícola. La industrialización permite también "escapar" al empleo urbano. Aunque a veces —México, Lima, Caracas— sólo redunda en una masa creciente de desempleo, violencia e inseguridad.

Hay trauma, indica Galbraith, y hay educación. Trauma: hambre, expulsión, violencia. Educación: la manera de obtener acceso a la cultura fuera de la pobreza y su equilibrio fatal. Galbraith aboga por cosas tan evidentes como el transporte, la educación libre y obligatoria, las cosas grandes y pequeñas que ayudan a romper el "acomodo" a la pobreza desde adentro. Pero "escapar" también significa empleo industrial, servicio urbano y, para regresar, al tema, migración. Aquí vuelve a destacar la fuerza e intervención del Estado nacional. En Japón, en Brasil, en México, han sido los Estados —la política— los que han facilitado tanto un mejor trabajo agrícola como un mejor trabajo industrial. Los ejemplos del pasado son numerosos. Suecia, Irlanda, Italia, los Balcanes, la Europa central ayer. Entre 1846 y el siglo que le sigue, 52 millones de personas emigraron de Europa, 32 millones a Estados Unidos. Discriminados al principio, al cabo se integraron a la nación norteamericana. Lo mismo sucede con los mexicanos que tienen éxito en Estados Unidos. Bill Richardson, Antonio Villaraigosa, Henry Cisneros, son todos descendientes de mexicanos emigrantes.

Ello no obsta para plantear la pregunta actual. Tan necesario como lo indica Galbraith, ¿cuál será el estatuto del trabajador migrante mexicano en Estados Unidos hoy y mañana? Hay más de doce millones de trabajadores mexicanos en Norteamérica. Su ingreso per cápita promedio en México sería de siete mil dólares anuales. En Estados Unidos, ascendería a diecisiete mil dólares al año. Dos de cada tres "latinos" en Estados Unidos son mexicanos. Su edad promedio es de treinta años. Envían el 70% de sus ganancias a México. Los envíos de trabajadores son el primer rubro de ingresos de divisas para México, antes del turismo y del petróleo.

Los trabajadores mexicanos son necesarios. No sólo por las razones aducidas por Galbraith, sino por una nueva realidad. El mundo del norte abandona el empleo industrial de antaño para ingresar a la era tecnológica. Más y más, el trabajo industrial se traslada a la vieja periferia de Occidente. Obama, por ejemplo, se da cuenta de esta revolución tecnológica y propone multiplicar el empleo en servicios, información e industrias del porvenir. Sus adversarios republicanos piden, en realidad, un *statu quo* que salve a las industrias del pasado.

Luego, en la medida en la que el trabajador mexicano ocupa los puestos del trabajador norteamericano, ello se debe a que éstos no han pasado en número suficiente de la industria de chimeneas a la de computadoras. Mas su contribución, señalada por Galbraith, a la agricultura y añado, a servicios como el transporte, el trabajo doméstico, la restauración, la jardinería, le dan al trabajador migratorio mexicano más de lo que recibe... Paga impuestos, consume, trabaja, contribuye a la cultura, anuncia una civilización interdependiente, se opone a los vicios locales de la xenofobia y el chovinismo.

No son criminales. Son trabajadores. Merecen un estatuto legal claro y justo, no sujeto a caprichos locales. Separemos la migración del crimen y el crimen de necesidades sociales y económicas.

Pero la responsabilidad mayor reside en México. Es en nuestro país donde debemos ofrecer trabajo para la tarea inconclusa de crear o renovar comunicaciones, urbanismo, puertos, electricidad, represas, educación, crédito, asistencia técnica y una renovación política contra el caciquismo, la injusticia, la criminalidad y el prejuicio que abunda en nuestros pueblos obligando al trabajador a emigrar y a darle a Estados Unidos lo que no pudo darle a México.

John Kenneth Galbraith, entre sus muchos aciertos, tuvo el de destacar la problemática del trabajo en Estados Unidos y en el mundo en desarrollo. Aprecio su cálida amistad y la promesa de leer mis propios libros "antes del siguiente amanecer". Transformó "The dismal science" económica en una "gaya scientia" humana.

William Styron

1. Más que universal —y lo era— William Styron fue el norteamericano *nuestro.* Sus raíces más profundas estaban en las extremosas regiones fluviales de su estado nativo, Virginia. Me siento orgulloso de que su bellísimo libro de relatos sureños, *Tidewater Mornings*, me lo haya dedicado. Era un testimonio —uno más— de una de las amistades más antiguas, profundas y estimulantes de mi vida, iniciada en 1965 en Chichén Itzá y culminada —como lo iba yo a saber— en su residencia de Roxbury, Connecticut, poco antes de su muerte.

Sensual, amante de las mujeres, el vino, las grandes comidas, los viajes, la poesía de John Donne y las novelas de William Faulkner, lo recuerdo charlando hasta altas horas en esos oscuros e íntimos bares de Manhattan que parecen pinturas de Edward Hopper o escenarios de *film noir.* Lo recuerdo asombrado una y otra vez ante la belleza de su ciudad favorita, París, exclamando: "it's the layout", "es el diseño"...

Lo recuerdo bajando juntos, suspendidos sobre el vacío y agarrados de un cable, a las entrañas de la mina La Valenciana en Guanajuato. Lo recuerdo caminando juntos con François Mitterrand a la toma de posesión del presidente en el Panteón y luego, mientras Plácido Domingo cantaba La Marsellesa ante la multitud exaltada por la victoria socialista, Styron firmando ejemplares de *Sophie's Choice* bajo una lluvia que se llevaba su firma y, acaso, el libro entero…

Lo recuerdo como anfitrión de una inolvidable cena en su casa isleña de Martha's Vineyard en honor del entonces presidente Bill Clinton, equilibrando la agenda de la conversación que Gabriel García Márquez, Bernardo Sepúlveda y yo queríamos llevar hacia la política y Clinton hacia la literatura, culminando con el recitado de memoria del monólogo de Benjy de *El sonido y la furia* de Faulkner por un presidente que no se dormía sin antes leer al menos cuatro horas. Y recuerdo de nuevo a Styron con Gabo, en la noche de Cartagena de Indias, desentrañando el arte de *El Conde de Montecristo* de Dumas, ofreciendo argumentos paralelos, apariciones inesperadas, finales inconclusos: un concepto de la novela como obra abierta que en cada línea ofrece perspectivas de renovación para la lectura y la convicción de que un libro, como decía Mallarmé, "no termina nunca, sólo aparenta concluir".

Amaba a México y no perdía oportunidad de visitarnos a Silvia y a mí junto con su maravillosa, leal, inquebrantable y bella esposa, Rose Burgunder, ama de esas casas sólidas ancladas en libros, cocinas, perros, memorias tangibles y la cercanía de los cuatro hijos de Styron: Susana, Polly, Alexandra y el joven heredero Tom, como su padre un activo defensor de los derechos humanos que Styron padre elevó a bellísima altura literaria en *Sophie's Choice*, su novela del holocausto nazi que Styron protagonizó en una mujer católica y polaca, provocando la ira de algunos intelectuales judíos que se sentían dueños de la victimización hitleriana. Y en *Las confesiones de Nat Turner*, su historia del rebelde negro solitario que Styron se atrevió a escribir en primera persona, atrayendo, esta vez, el enojo de militantes negros que le negaban a un escritor blanco el derecho de usurpar una voz negra, como si la imaginación y el lenguaje —las únicas armas del novelista— fuesen atributos raciales. En 1975, le ofrecí a Bill y Rose una cena en París a la cual asistieron el arquitecto de origen mexicano Emile Aillaud y su esposa Charlotte, hermana de la cantante Juliette Greco. Styron notó un número tatuado en el antebrazo de Charlotte. Era su número en el campo de Auschwitz. Charlotte contó entonces la historia de una mujer polaca y católica obligada por el comandante del campo a escoger entre sus dos hijos: uno sobreviviría, el otro iría a la cámara de gases. Styron me contaba que después de oír la historia, la soñó y así nació la novela, testimonio terrible de la verdad enunciada por André Malraux: "Hay una oscura región del alma donde se origina el mal".

Styron deploraba la política norteamericana hacia América Latina y creía que con Clinton había un cambio notable, debido a la imaginación y a la cultura de ese presidente. Bush hijo se encargó de desilusionarlo y en estos años del atropello de "la junta" de Washington, como la llama Gore Vidal, Styron, mortalmente afectado en su salud, ya no pudo actuar y hablar con el vigor acostumbrado. La depresión se convirtió en el fantasma de sus horas, rondándolo, acechándolo, asestando golpes imprevistos que lo reducían al silencio, a una extraña beatitud (en un hombre que podía ser colérico) a impulsos suicidas que, como lo narra con extrema emoción en *Esa visible oscuridad*, se resolvieron, en una ocasión, en una extraordinaria epifanía provocada por la música de Brahms.

Una y otra vez, Bill salió de una oscura caverna lleno de luz, a escribir sobre su experiencia, dar conferencias y alertar a la opinión pública sobre la realidad de los afectados por la depresión mental. Valeroso, verdadero misionero de su causa, Styron resucitó una y otra vez para convertir su palabra en advertencia, convocatoria y solidaridad con la vida humana como causa y efecto, a la vez, de la salud mental. Pero en su lucha tenaz contra las tinieblas, Styron fue dejando la vida. El cuerpo le traicionó cada vez más, infligiéndole una herida tras otra. La última vez que lo vi, en su casa de

Connecticut, había perdido el habla pero su lucidez era mayor que nunca. Comía aparte pero luego se reunió con Rose, con Silvia y conmigo, con nuestros viejos amigos comunes el periodista Tom Wicker y la activista de derechos humanos Wendy W. Luers. Nosotros hablábamos, Bill escuchaba y de repente, como si la mismísima Minerva descendiese a tocarlo, Styron podía decir una palabra, corrigiendo las nuestras, aventurando una idea, provocando una broma…

En el almuerzo inaugural de su presidencia en el palacio del Elíseo, François Mitterrand se acercó a William Styron y a Arthur Miller, exclamando, "¡Qué grandes hombres nos envía América!". Altos en todos los sentidos, Arthur Miller, William Styron y John Kenneth Galbraith. Me estoy quedando sin mis mejores amigos norteamericanos y ya no tengo ganas de llorar.

2. Mejor los recuerdo. Styron y yo fuimos amigos desde 1964, cuando nos conocimos en una conferencia de escritores norteamericanos (gringos, de Estados Unidos) y latinoamericanos (indo-afro-iberos) en Chichén Itzá, Yucatán. Todos los invitados (nosotros también) tomaban la reunión muy en serio, presentando papeles y sumarios. Allí estaban Oscar Lewis, Juan Rulfo, José Luis Cuevas, Robert Rosen, Tad Szulc, José Donoso, Alfred Knopf, Barney Rosset, James Laughlin.

Bill y yo descubrimos pronto nuestro interés compartido por la conversación, el recuerdo, las anécdotas ciertas o inventadas, todo ello acompañado —de ser posible— por bellas mujeres y buen alcohol. De manera que mientras los críticos zumbaban o dormían, Bill y yo y nuestra Gorgona preferida, Lillian Hellman, seguíamos en el bar canjeando cuentos alegres y críticas acerbas hasta bien entrada la noche.

Nuestro "jaraneo" no le agradaba al campo más severo de la conferencia. El editor Alfred A. Knopf, vestido como un coronel del raj británico en la India (Sir Guy Standing en *Tres lanceros de Bengala*) llegó al bar atusándose el bigote blanco con un dedo y advirtiéndonos con el otro. Enseguida se retiró, camisa kaki, pantalón corto y medias a la rodilla; sólo le faltaba un látigo macho, aunque en la mente nos iba azotando.

Rodman Rockefeller (quien, al cabo, estaba pagando el gran fiestón) trató de imponer un orden puritano en nuestras filas. Fracasó. Una noche, Lillian, Bill y yo fuimos a la planicie yucateca y subimos a la majestuosa pirámide de Chichén Itzá, iluminada por la luna. Nuestras siluetas estaban claramente dibujadas por la luz de la luna. De repente, oímos dos marcados disparos. Styron y yo tomamos a Miss Hellman de los hombros y la tendimos como tortilla en la cima de la pirámide. Las balas zumbaron sobre nuestras cabezas. Los guardias subieron a la pirámide, gruñendo que estaba prohibida visitarla después de la puesta del sol.

—¿Nunca preguntan antes de disparar? —pregunté.

—Nunca— me contestaron.

Si hubiesen sido, como nosotros, adictos al cine, habrían contestado como Alfonso Bedoya en *El tesoro de la Sierra Madre*:

—I don't need no stinkin' badge (ni falta que me hace una pinche insignia).

Así comenzó una amistad duradera y cada vez más honda en viajes por México, en la casa de Styron en Roxbury, Connecticut y sobre todo en las largas caminatas por la isla de Martha's Vineyard, donde la gente ajustaba sus relojes a nuestra puntual excursión cada mediodía. Los Styron, Bill y Rose, formaban parte de una comunidad isleña que, cada verano, reunía a un estupendo grupo de norteamericanos. El amo, en esos momentos, de la entrevista televisiva, era Mike Wallace, un hombre sin pelos en la lengua, que pasó de la radio a la TV con un poder crítico —a veces cáustico— que ponía en apuros a todas las personalidades del poder político y económico de Estados Unidos, algunos de los cuales abandonaban el estudio volteando sillas y dando portazos. Wallace se ancló en el célebre programa dominical de la CBS *Sixty Minutes*, en su época el más visto en Norteamérica. Su mujer, Montana Mary Yates, era la viuda del periodista Ted Yates, muerto en 1966 y su destino final sería cuidar a Wallace en la senilidad de este, una senilidad, añado, alegre y conversante, como puede suceder. Pero el Mike de eterno pelo engominado, ojos astutos, piel morena y labia amenazante, está vivo —modelo de periodista-investigador en sus programas.

Junto a los Styron, vivían Sheldon Hackney, presidente de la Universidad de Pennsylvania, y su mujer Lucy. La madre de ésta, Virginia Durr, era una octogenaria vivaz —casi furibunda— que había encabezado las campañas pro derechos de la mujer en Estados Unidos Nos observaba desde la ventana de los Hackney con un aire de severidad exenta —por el momento— de censura.

El aledaño campo de tenis era el centro del deporte vespertino, pero el centro de Martha's Vineyard era el coto cotidiano del periodista Art Buchwald, cuyas columnas satíricas en la prensa no dejaban títere con cabeza. Todas las mañanas, hacia el mediodía, Buchwald pasaba en bicicleta por la calle central y si veía a Bill gritaba…

—¡Styron! ¿Cuántas mujeres has follado el día de hoy?

El mundo de Buchwald era temperado por la seriedad de su mujer, Anne, figura central del Club de Yates desde donde ella se admiraba de que, aun con los días más grises y lluviosos, yo nadara la extensa rada del muelle de los Styron más allá del Club de Pesca. Aunque si algunos nadaban y otros no, la pesca era una tarea noble y notable. Nadie la representaba mejor que la ya citada Lillian Hellman.

A veces cruzaba en su velero el senador Edward Kennedy, que vivía en la costa de Massachusetts. Gustaba de manejar el velero con una audacia peligrosa. Acaso compartía esta vocación del peligro con sus hermanos. Velear con él era, de todos modos, una aventura pues por momentos yo creía —tan ajeno como soy a estos deportes— que el navío se volteaba y hundía por siempre. En algunos paseos en el mar, nos azotaron tormentas pasajeras y yo me asombraba de la sabiduría marina de Kennedy y del propio Styron, quien había sido miembro de los Marines estacionados en Okinawa para preparar la invasión de Japón en 1943.

—Nos salvó la bomba atómica —suspira Styron—. Benditas sean Hiroshima y Nagasaki.

Ted Kennedy, en los años ochenta, era un hombre joven, fuerte y grande, deportista y político con una mata gruesa de pelo cobrizo. Jugaba a la pelota americana —el football— con él cuando me invitaba a su casa en Maryland y bebía con él y su colega en el Senado, Chris Dodd, elocuentes ambos y bien servidos por un proceso democrático de reelección que les permitió ocupar escaños durante muchas décadas. En 1986, yo escribía artículos para *Newsweek* y en una carta del 10 de marzo, Kennedy me informa que ha incluido uno de ellos en el Diario Oficial del Congreso. Añade —lo agradezco de verdad— que "mis palabras nunca serían olvidadas y algún día serán atendidas".

Kennedy acompañó esta ocasión con palabras acerca de otro discurso mío ante la Campaña para la Democracia Económica en las que, dijo el senador, yo "intentaba tender un puente sobre quinientos años de cultura e historias diferentes... tratando de interpretar la experiencia americana a los pueblos americanos... no sólo para promover el entendimiento... sino para avanzar los valores compartidos por todos los americanos: libertad, democracia, derechos humanos, justicia social y oportunidad económica" (*Congressional Record*, Senate, 4 de marzo de 1986).

Recuerdo las palabras de Kennedy cada vez que un gobierno de Estados Unidos me niega una visa o me clasifica como "extranjero indeseable".

Martha's Vineyard era la costa: bahías, recovecos, radas, playas... pero tierra adentro había una enorme laguna y allí vivía y pescaba otro querido amigo, Robert Brustein, quien dirigió el teatro de la Universidad de Harvard donde estrenó mi obra *Orquídeas a la luz de la luna.* Brustein era un hombre alto, sonriente y solitario. Le gustaba desafiar los gustos consabidos del público teatral con obras nuevas, a veces incomprensibles para el espectador ortodoxo. Strindberg, Pirandello, Jack Richardson, Yeats, Lorca, Sean O'Casey y John Singe pasaron por las tablas del American Repertory Theater. Había en el temperamento calmo de Brustein un elemento de aventura, rabia súbita y ausencia de declinación que desmentían al hombre tranquilo pescando en las aguas de la laguna.

En la isla se daban cita también, año tras año, el novelista John Hersey, autor del más dramático reportaje del siglo, *Hiroshima*; el humorista y dibujante Jules Pfeiffer; la gran dama de la isla, Katherine Graham, quien ofrecía las cenas más exclusivas, a las cuales Styron no asistía si entre los invitados se contaba Henry Kissinger; el director Mike Nichols y, a veces, la cantante Diana Ross. El verano en la isla era en verdad una gran cita de amigos que formaban parte del "crust", la "costra", la "croute" de la vida norteamericana.

Por un momento, aquí desaparecían rivalidades, enojos, inconveniencias. Salvo en el caso de Styron.

3. Capítulo aparte merece Lillian Hellman, quien murió a fines de junio de 1984 en su isla de Martha's Vineyard a una edad indefinida, entre los 79 y los 83, pues su pertinaz coquetería nunca quiso admitir o fijar edades. También fue víctima de la persecución macartista. Lillian se mantuvo durante los treinta y cuarenta fiel a la ilusión del estalinismo, pero hasta cuando dejó de serlo se negó a pedir perdón o a renunciar al derecho de ser lo que quisiera ser.

"No recortaré mi conciencia para ajustarme a la moda del día", dijo en medio del proceso que el Comité de Actividades Antinorteamericanas de la Cámara de Representantes instruyó contra ella y su compañero, el novelista Dashiell Hammett.

En una entrevista de televisión que Lillian le dio a mi esposa Silvia en Nueva York, la escritora dijo que ella en lo que creía era en la Declaración de Independencia y en la Constitución de Estados Unidos y en los derechos que esos documentos le daban como ciudadana para ser lo que quisiera ser, incluso estalinista.

La paradoja feliz de la democracia es que debe garantizar todas las opiniones, incluso las que no son democráticas. En el caso de los escritores, es difícil que la opinión o la postura personales puedan cambiar un sistema, pero el sistema será más fuerte cuanto más respete esa opinión: ésta le conviene al sistema democrático, más que al escritor, que se equivoca (nos equivocamos, me equivoco) constantemente en el tosco mundo que le es tan ajeno: el de la política.

Lillian Hellman quizá se equivocó en su opinión y postura política (como Balzac, Quevedo, D.H. Lawrence, Pound, Neruda, Eliot, Aragón), pero no en su postura ciudadana de mantener el derecho a la política de su elección.

Y jamás se equivocó como artista, porque los personajes de sus obras teatrales —*The Children's Hour, The Little Foxes, Toys in the Attic*— nunca fueron monos de ventrílocuo, sino que, como ella se lo propuso siempre, los personajes actuaron, se condujeron, se relacionaron entre sí, negando, dejando de lado o trascendiendo cualquier idea prefabricada, cualquier ideología rígida.

La esperé en París en la Pascua de 1976. Me mandó una carta en papelería azul, excusándose: una huelga de aviones de Inglaterra, una escena de confusión y apretujones en el aeropuerto de Heathrow, pánico, agorafobia, unas manos masculinas que la tomaron por los hombros, la salvaron…

Fue maravillosamente coqueta, celosa de otras mujeres, celosa de sus amigos literarios. Hace pocos años, vieja ya y enferma, fue invitada por los productores de la película *Pretty Baby*, dirigida por Louis Malle y basada en las memorias del fotógrafo Ernest J. Bellocq que a la vuelta del siglo retrató misteriosa y hermosísimamente el viejo barrio prostibulario de Storyville, en Nueva Orleans.

Lillian creyó que se le citaba para consultarla, ya que la escritora nació en Nueva Orleans y allí pasó buena parte de su infancia. Empezó a hablar de esto, pero los productores explicaron que no, lo que querían era hacerle una prueba de actuación para ver si daba el tipo como la madame del burdel. Lillian se incorporó, se ajustó el busto y declaró:

—Señores, dondequiera que yo me paro soy siempre la mujer más sexy. Sus putas no podrían competir conmigo.

Salió con gran dignidad porque nunca aceptó la sentencia de Ninon de Lenclos: "La vejez es el infierno de la mujer" y nunca perdió su gusto por la fascinación sexual, la compañía y la memoria del hombre de su vida Dashiell Hammett, quien llena tantas páginas de los libros de memorias de Lillian: *Una mujer inacabada*, *Pentimento*, *Tiempo de canallas* y *Acaso*. Hammett fue el maestro de un nuevo barroco norteamericano, el barroco de la noche, la violencia, la corrupción y el crimen. De su novela *Cosecha roja*, Aragón dijo que era la primera novela antifascista y Malraux escribió el prólogo para la traducción francesa de la NRF.

Hammett ofreció un mundo nocturno a través de una perfecta transparencia de medios con *El halcón maltés*, *La llave de cristal* y *La maldición de los Dane*. Le enseñó a escribir a Lillian; en la prosa de Hammett, la acción es un verbo y el personaje es un sustantivo. Enseguida, él no volvió a escribir nada hasta su muerte, pero ella siguió trabajando hasta su propia muerte, en nombre también de Hammett.

La recuerdo sola en un barco de remos pescando en medio de la bahía de Vineyard Haven, con un sombrerito blanco y una mirada añosa y añorante, cada vez más lejana, perdida al cabo en la bruma de esa costa que tanto quiso.

La recuerdo pensando en un verso de Walter de la Mare que dice, más o menos, que los hombres somos viejos; nuestros sueños son cuentos contados en un Edén oscuro por los ruiseñores de Eva.

La recuerdo presidiendo una fiesta en su casa isleña, solemne como una gárgola, con la sangre corriéndole por las piernas y los tobillos, sin que ella se diera cuenta y nadie se atreviese a advertírselo. Hellman ya pertenecía a la eternidad.

A medida que cada uno se acerca a cumplir en el fin de su principio, es bueno tener amigos viejos, como lo pedía Alfonso el Sabio, junto con algunos leños viejos, libros viejos y vinos viejos. La juventud es un suicidio porque no quiere ver la vejez. Pero vivir desde la juventud con la vejez aumenta las riquezas de nuestras vidas y nos ayuda a ganar una juventud que sólo merecemos al cabo de los años.

4. Con Styron entramos al territorio de la "Contra", apoyada por el gobierno de Ronald Reagan, en Nicaragua. Un soldado sandinista apostado a cada cien pasos del camino, el rumor del mortero y el humor negro del comandante Tomás Borge: "Sería muy bueno para nuestra causa si la Contra los matase a ustedes". Hicimos amigos constantes —Dora María Téllez, Sergio Ramírez, el padre y poeta Ernesto Cardenal— en medio del dolor de Nicaragua, sus hospitales con niños heridos por la "Contra". Había un aire de esperanza en medio de las amenazas externas e internas.

Me conmovió el entendimiento de Styron respecto a la América Latina. Él provenía de un mundo muy diferente, el universo anglocéntrico. Siempre lo leí con admiración. El Sur es la herida de Estados Unidos. Allí, la sociedad del optimismo y el éxito le da la mano a la humanidad del dolor y la derrota en el temblor del amor entre padre e hija, en *Lay Down in Darkness* (1951) así como en la universalidad de la violencia en *Sophie's Choice* (1979), Styron no admite privilegios en el dolor, monopolios del sufrimiento. En *Las confesiones de Nat Turner* (1967) rehúsa un racismo literario invertido. Algunos críticos obtusos le pidieron a Styron que escribiese otro libro, no el que escribió: una narración ideal y razonable en la tercera persona del singular. En esta nueva novela putativa, Styron debió limitarse a relatar lo que históricamente se sabe de la rebelión de Nat Turner —un "documento honesto"—, o, en todo caso, ceñirse a una caracterización "tradicional" de la rebelión esclavista de 1820 en Virginia. O sea: Styron debió renunciar a su pretensión de muchacho —suburbano— blanco. Styron desconocía (como lo desconocemos todos) la vida de entonces y lo que un hombre como Nat Turner pudo haber dicho o pensado.

Este tipo de crítica haría imposible escribir cualquier novela, acto de la imaginación aunque trate de un tema histórico. Y todo novelista, al fin y al cabo, está situado y sitúa su ficción en una época histórica. ¿Tenía derecho Tolstoi, según esta crítica, a inventar no sólo a Natasha y Pierre, sino a poner parlamentos en boca de Kutuzov y Napoleón? Styron, al escoger la narración en la primera persona del singular

—Nat Turner— no suplanta al personaje. Crea una novedad (una novela) mediante una construcción narrativa.

A diferencia de los "realistas", Styron, como artista, emplea el lenguaje común, la relación primordial entre amo y esclavo. Más que las cadenas de la esclavitud, Nat Turner es prisionero de la necesidad de imitar dos modelos de lenguaje. Uno es el modelo del *pickaninny*, el esclavo, dócil y privado de lengua e ideas, que los amos esperan de él. Es la retórica servil, una forma degradada de la lengua de razón-Biblia-elegancia-puritanismo-pragmatismo, que los amos esperan del esclavo. El oportunismo templado por el Apocalipsis.

Antes de levantarse en armas contra el sistema social, Nat Turner se ha rebelado contra el lenguaje en el cual se basa el sistema. Irónicamente, su primera rebelión es su primer y peor fracaso. Se rebela contra los amos imitando el lenguaje de los amos. Nat Turner es el prisionero del lenguaje de la élite: el lenguaje de William Styron. Nat fracasa porque es incapaz de crear un lenguaje nuevo para una nueva cultura. Tal hubiera sido —tal es— su verdadera libertad, como lo han demostrado los artistas —Armstrong, Anderson, Lena Horne—, los escritores —Wright, Baldwin, Elison— y los políticos y legisladores —Marshall, King, Obama—. En su novela, Styron llega del presente al encuentro de un hombre del pasado y no trae las ofrendas de la caracterización al cabo filantrópica sino una lengua y una cultura verdaderas (las de Styron), reducidas a un nivel tan insuficiente como el de un esclavo.

El uso de la primera persona por Styron le permite salir al encuentro de dos enajenaciones: las del sujeto del libro y las de su autor. La imaginación de Styron consiste, no en reproducir el pasado de Virginia, sino en crear un presente narrativo que por fuerza deforma la realidad cronológica y convencional para informar otra realidad que, sin la ficción, jamás tendría realidad; *jamais réel, toujours vrai.* Styron nos da, en la novela, un presente abierto, fallido e incompleto. Si se hubiese contentado con escribir una fiel reconstrucción, el resultado sería inferior. Styron ha asumido el riesgo de escribir una novela como lugar de encuentro del presente del futuro soñado por Nat Turner y del futuro liberado (hasta el libertinaje) por Styron; del pasado sufrido por Nat Turner y sufrido, también, por Styron en el presente.

Acaso, sin su libro, este libro, ninguno de los dos tendría prueba de su verdadera existencia, la del libro y su autor, la del protagonista y el protautor. En este encuentro entre un hombre negado y uno que se niega a sí mismo; un hombre que habiendo aprendido a ser lo que no es —blanco, puritano, angloparlante, burgués y esclavista—, descubre que no es nada de eso.

Novela de la universalidad perdida, de la enajenación y ruina de amos y esclavos. Y, al cabo, novela de reconocimientos. Todos somos universales porque todos somos excéntricos. Nadie tiene nada que ofrecer excepto el reconocimiento en la enajenación. Styron no puede darle a Turner habla, optimismo, razón, libertad, ninguno de los valores tradicionales del mundo del novelista. Turner debe abandonar la imitación de los valores arruinados de los amos, empezando por la literatura y el lenguaje del propio Styron. Es en este centro solitario donde podemos leer *Las confesiones de Nat Turner* por lo que es, en vez de criticar el libro por lo que no es.

Arthur Schlesinger

1. Lo conocí en la conferencia de Punta del Este, en 1962. La prioridad del gobierno de Kennedy era expulsar de la organización de Estados Americanos a Cuba. Ya en una reunión anterior en el mismo balneario uruguayo, Ernesto Guevara había hecho la fervorosa defensa del régimen cubano. En esta segunda conferencia, le correspondió a Raúl Roa, canciller de Cuba, proponer una larga historia de las intervenciones yanquis en Cuba y Latinoamérica. Roa no obtuvo respuesta convincente de parte de la delegación norteamericana, aunque sí humillantes y obsequiosas "defensas" de Washington y ataques a Cuba de algunos delegados latinoamericanos, notablemente del colombiano Álvaro Gómez Hurtado.

México y su canciller, Manuel Tello, se abstuvieron de unirse a la demanda, reservándose el papel histórico de nuestra diplomacia: servir de puente entre adversarios, mantener abierta la comunicación. La gran reserva de Arthur Schlesinger pronosticaba asimismo una política de relación normal en Cuba, misma que Schlesinger llevaría a cabo personalmente unos años y que Fidel Castro una y otra vez torpedeó porque su interés era presentar a Estados Unidos como victimario y a Cuba como víctima, eternamente. Así pasaron más de cincuenta años inútiles para ambos países.

Mi relación con Schlesinger en Punta del Este fue imposible. Arthur acompañaba al subsecretario de Estado norteamericano Richard Goodwin, origen de una desastrosa relación mía con el gobierno de Washington. Cuando en 1960 la cadena NBC me invitó a debatir la Alianza para el Progreso de Kennedy con Goodwin, acepté consciente de las dificultades en mi contra. Goodwin hablaba un inglés, si no mejor, más competente que el mío. Tenía a la mano información oficial (y secreta) de la que yo carecía, y en el debate le iba la chamba en tanto que yo carecía de empleo oficial.

Aun así, acepté el reto. Sólo que al presentarme en el consulado de Estados Unidos en México a pedir la vista, ésta me fue negada. ¿Razón? No estaban obligados a darme explicación alguna. Entraba yo a la categoría de "extranjero indeseable", damnación eterna y sin salida. En el restorán Bellinghausen de la Ciudad de México, me acerqué al embajador Thomas C. Mann (Thomas Mann el malo) a pedirle explicación. No la tuvo. Me miró y siguió comiendo. Sólo más tarde, gracias a una iniciativa del senador William Fullbright en la Cámara, y gracias a los esfuerzos de mi gran abogado William D. Rogers, obtuve una visa temporal, que me era concedida una vez que mi primera solicitud me fuese negada. Ya conocería, más tarde, a todos los excluidos por razones idénticas: Gabriel García Márquez, Michel Foucault, Yves Montand, Simone Signoret, Graham Greene. Éste, y Gabo, se burlaron de la absurda ley de exclusión, viajando a Washington en el séquito del presidente panameño Omar Torrijos en 1977.

Fuera de este absurdo kafkianismo, me logré comunicar años más tarde con Arthur Schlesinger. Desde 1961, John Fischer, el editor de *Harper's Magazine*, le había escrito a Schlesinger, presentándome. Éste contestó cordialmente (en papelería de la Casa Blanca): le daría gusto verme. Cuando empezamos a frecuentarnos, a invitación suya, en el Century Club de Nueva York, las entrevistas eran un poco frías, casi inquisitivas. ¿Quién era yo? ¿Quién era él? Al cabo, en 1985, a instancias de John Kenneth Galbraith, fui elegido miembro de la Academia del Instituto Americano de Artes y de Letras, junto con el músico italiano Luciano Berio, Norman Mailer, Sidney Nolan, Jerome Robbins *et al.* Empezamos, Silvia y yo, a concurrir a la fiesta anual de cumpleaños común que celebraban Schlesinger, Abba Eban y Eric Hobsbawm. Schlesinger se casó con Alexandra Emmet, querida amiga de los sesentas neoyorquinos. Y coincidimos a cenar con Bernardo Sepúlveda, a la sazón secretario de Relaciones Exteriores de México, y su mujer Ana Iturbe. A quienes, me dice Arthur en carta del 21 de septiembre de 1984, quisieron conocer Henry Kissinger y Nancy, retrasando otro compromiso para cenar. Igual interés demostró Arthur por conocer y conversar con Cuauhtémoc Cárdenas durante la campaña presidencial de éste, más tarde, en 1988.

Más que nada, Schlesinger entendió muy pronto los problemas de Cuba y la América Central, dos escenarios de la Guerra Fría trasladados innecesariamente por Castro, por Kennedy, por Kruschev al hemisferio americano.

En dos viajes seguidos a Cuba, Arthur entrevistó, metidos ambos en aguas del Caribe, a Fidel Castro acerca de la deuda exterior de la América Latina, culminando, ya en tierra firme, con una absoluta convicción del presidente cubano: “No estoy preocupado. El tiempo me dará la razón”. Schlesinger admira “la agilidad y el virtuosismo” de Castro, pero advierte que “la Revolución tiene problemas”. Las exportaciones cubanas pierden precio en el mercado mundial. Un cuarto de siglo no le ha permitido a Castro diversificar la economía cubana. Los rusos se cansan de él. El turismo es la mejor esperanza de obtener divisas. Pero el embargo norteamericano es, para Castro, la mejor garantía de la integridad revolucionaria. Opina Schlesinger: Castro quiere terminar con el embargo, aunque acaso no sobreviviría. Y Reagan quiere mantener el embargo, aunque con ello proteja a Castro y a la Revolución cubana. "Llevo 53 días sin fumar puros", le dice Castro a Schlesinger. Y nosotros, cincuenta años sin entender razones.

El otro tema latinoamericano evocado en esos años por Schlesinger fue la guerra en Centroamérica patrocinada por Reagan en contra de la revolución sandinista en Nicaragua y el movimiento popular en El Salvador. Schlesinger defendió la Alianza para el Progreso y las metas de crecimiento económico, reformas estructurales y democracia política como las mejores para una Iberoamérica autónoma a la cual Washington sólo le daría apoyo en relación a reformas emprendidas localmente.

Programa a largo plazo, la muerte de Kennedy lo redujo a un solo tema: el crecimiento económico, sin reformas y sin democracia. La América Latina perdió capital exportándolo para pagar deuda. No redujo ni el desempleo ni la desigualdad del ingreso. Creó expectativas excesivas. Comprobó que ni "la magia del mercado" ni el estatismo resolverían nuestros problemas. El propio Estados Unidos sólo se desarrolló con una economía mixta, pública y privada, pero en la medida en que los gobiernos latinoamericanos son sustituidos por regímenes de fuerza y provocan la contra-insurgencia. Estados Unidos sólo pertrecha a gobiernos dictatoriales cuyo enemigo es su propio pueblo. Estados Unidos no puede ser prisionero de su clientela autoritaria en América Latina. La intervención militar unilateral de Estados Unidos es un error. La iniciativa diplomática debe tenerla el Grupo Contadora. "Estados Unidos no conoce los intereses de otros países mejor que los propios países".

"No podemos jugar el papel de Dios de la historia y decidir el destino de los demás". Estados Unidos debe aprender a vivir con la ambigüedad. No existe una solución norteamericana a todo problema mundial. Esta convicción de Schlesinger informa su gran ensayo sobre "La política exterior y el carácter americano", que apareció en *Foreign Affairs* en 1983. Allí, Schlesinger analiza las tendencias históricas de Estados Unidos a partir de la lucha por la independencia, "Fundada en las duras exigencias de una independencia precaria". Como la América Española. Angloamérica pensó en que la independencia nos exigía comenzar de nuevo. "En nuestro poder —exclamó Tom Paine— está comenzar el mundo de nuevo". Lo mismo creían Morelos y Bolívar. El Nuevo Mundo se revolucionó contra su propia historia.

Sólo que en política exterior, Estados Unidos se mantuvo fuera del conflicto del poder europeo, más o menos, de Waterloo a Sarajevo, generando dos muros. Estados Unidos era inocente y siempre tenía razón. La famosa frase de Adams lo dice todo: "Estados Unidos no sale al mundo a combatir monstruos". Sólo que —los mexicanos lo sabemos— el "destino manifiesto" autorizaba la expansión territorial en la América del Norte y el Caribe. El poder aumentó junto con el mesianismo. Ronald Reagan lo hizo explícito: "Esta tierra prometida [Estados Unidos] obedece a un proyecto divino." El maniqueísmo —el mundo se divide entre buenos y malos— dio a la URSS el papel (merecido pero no solitario) del "malo" de la película. Reagan llamó a la URSS "el foco del mal en el mundo moderno".

Sólo que el error de los ideólogos como Reagan, aclara Schlesinger, es preferir "la esencia a la existencia", minando de paso a la República misma. La ideología sustrae los problemas del turbulento río del cambio y los considera en "espléndido aislamiento" respecto a las contingencias de la vida. El ideólogo norteamericano se planta para siempre en el año 1950. Lee doctrinariamente a su adversario y atribuye premeditación a lo que sólo es improvisación, accidente, azar, ignorancia, negligencia y... estupidez. La democracia, por este camino, se convierte en Jihad, cruzada de exterminio contra el infiel.

Corresponde al interés nacional, explica Schlesinger, poner límite a la pasión mesiánica. Estados Unidos, además, no puede alcanzar los grandes objetivos mundiales por sí solo. Esto no lo entendió George W. Bush, lo entiende Barack Obama porque la ideología americana es una "susceptibilidad agazapada, un coqueteo periódico que puede engañar a algunos por algún tiempo pero que es profundamente ajena a la Constitución y al espíritu nacional". "La ideología es la maldición de la vida pública" porque convierte a la política en una rama de la teología.

2. Frágil, lúcido, irónico y cargando la totalidad de la historia norteamericana como un caracol su caparazón, Arthur Schlesinger murió en la ciudad de Nueva York el primero de marzo del 2007. A lo largo de ochenta y nueve años ejerció la inteligencia crítica y cuando así lo juzgó necesario, el apoyo —crítico también— a la Presidencia de los USA. Publicó *La era de Jackson* (1945) a los veintisiete años de edad, ganando su primer premio Pulitzer y el segundo, en 1966, por *Los mil días del presidente Kennedy en la Casa Blanca.* Entre 1951 y 1960, dio a conocer su monumental obra en tres tomos sobre la presidencia de Franklin D. Roosevelt y en 1978 su historia de *Robert Kennedy y su tiempo.*

En 1973, alarmado por la deriva de la administración Nixon, publicó *La Presidencia Imperial*, una severa advertencia sobre los límites del Poder Ejecutivo y una confirmación de la fe en que la democracia sabe corregirse a sí misma. Esta misma convicción guía a Schlesinger en su obra final, *La guerra y la Presidencia norteamericana* (2005), donde precisa la peligrosa desviación de la política exterior de Estados Unidos durante la presidencia de George W. Bush. Medio siglo de Guerra Fría determinó una política norteamericana de contención y disuasión frente al poder soviético. Terminado el enfrentamiento bipolar, Bush padre y Clinton, en grados diversos, ejercieron políticas de prudencia, tanteo y aspiración multilateralista.

El segundo presidente Bush, afirma Schlesinger, le dio una fatal orientación unilateralista a Estados Unidos, repudiando la estrategia que le permitió ganar la Guerra Fría a favor del ataque preventivo con o sin pruebas de amenaza exterior. En efecto, Bush Jr. proclamó el derecho a la guerra preventiva como un derecho reservado sólo para Estados Unidos, en función de su hegemonía global.

El artero ataque del 11 de septiembre de 2001 le ofreció dos avenidas a la Casa Blanca. La primera, responder atacando a los atacantes: Osama bin Laden, el Talibán y sus bases en Afganistán. Esta respuesta contaba con el apoyo de las instituciones y de la comunidad internacional y era una extensión lógica, y aun mejor fundada, de la intervención colectiva auspiciada por la OTAN en Yugoslavia. La otra opción —innecesaria, infundada y al cabo, fracasada— consistía en dejar de lado la huidiza autoría terrorista y regresar a la guerra tradicional contra un Estado constituido, para el caso, el Irak de Sadam Husein, totalmente ajeno al ataque del 11/9.

Todos recordamos las justificaciones para invadir Irak. Todas fueron cayendo porque eran mentiras, invenciones de paja para una política de acero. Sadam, razón primera, no tenía las celebradas armas de destrucción masiva. Al desaparecer la razón inicial, se invocó la naturaleza tiránica del régimen de Sadam, producto, en gran medida, de la política anti-iraní del presidente Reagan. La pregunta obligada fue y es: ¿por qué Sadam y no otro de los numerosos y numerables dictadores de la región y el mundo?

Schlesinger no aceptó las razones que comúnmente se expresan para dar respuesta a esta pregunta. La de Irak, escribió, no es una guerra iniciada a partir de promesas irrefutables de que un ataque enemigo era inminente. Pero tampoco era una guerra para beneficio de la Halliburton, para agradar a Israel o para vengar a Bush padre. Al contrario: recordemos que el primer presidente Bush, victorioso en la Guerra del Golfo, escribió en 1998 que "el intento de eliminar a Sadam hubiese tenido un costo humano y político incalculable". Estados Unidos habría tenido que ocupar Bagdad y gobernar a Irak: "De haber seguido el camino de la invasión —continúan Bush padre y su co-autor, el general Brent Scowcroft—, aún hoy seríamos un poder de ocupación en un país amargamente hostil" (*Un mundo en transformación*, 1998).

¿Por qué razones freudianas no atendió el hijo los consejos del padre? ¿Por desatender al padre o por vengarlo? Hace poco vi en Londres la representación teatral de la obra de David Hare, *Stuff Happens*. Los personajes son George Bush y su gabinete. El título, una frase del deplorable secretario de la Defensa Donald Rumsfeld explicando los abusos de Abu Ghraib: "son cosas que ocurren". La sorpresa, el tratamiento de Bush hijo como un hombre frío, distanciado, observador de colaboradores a los que acaba manipulando cínicamente. Imagen muy lejana a la del vaquero texano que se cae de las bicicletas, se atraganta con pretzels y masacra la sintaxis.

¿Cómo conciliar la imagen de Bush el bobo y Bush el Maquiavelo? Schlesinger aproxima una respuesta: estamos ante el primer presidente agresivamente religioso de la historia norteamericana. Ni George Washington (protestante episcopal) ni Thomas Jefferson (deísta anticlerical) ni John F. Kennedy (católico) ni Richard Nixon (cuáquero) ni siquiera Jimmy Carter (bautista) manipularon la fe con propósitos políticos. George W. Bush, en cambio, actúa, según su propia confesión, guiado por la mano de Dios. "Mi misión", le declaró al periodista Bob Woodward, "es parte del plan maestro de Dios". Y a su asesor Karl Rove le dijo "Estoy aquí por una razón", añadiendo, "No consulto a mi padre. Sería el padre equivocado. Yo apelo a un Padre más alto". (Acaso, observa

Schlesinger, el mensaje de Dios a Bush sea confuso: el Papa Juan Pablo II, que tenía su propio teléfono privado con la divinidad, se opuso a la guerra de Irak.)

Lo interesante de esta situación es que, a partir de la fe del converso, Bush haya sido capaz de movilizar una victoriosa (aunque por escaso margen) alianza electoral con Wall Street, las compañías petroleras, las corporaciones multinacionales, el complejo militar-industrial (denunciado por Eisenhower), la derecha religiosa y los nacionalistas extremistas. Se trata, concluyó Schlesinger, de un hombre "seguro de sí mismo, disciplinado, decisivo y astuto, capaz de concentrarse en unas cuantas prioridades".

He allí el problema: Bush equivocó fatalmente las prioridades, se las quitó a Osama y a Afganistán, se las dio a Sadam y a Irak y acabó como un presidente fracasado, desprestigiado y que expuso a su país, en opinión de Schlesinger, a ser "temido y odiado como nunca antes por el resto de la humanidad".

La gran visión imperial de Bush —extender la democracia a todo el Oriente Medio, eliminando al terrorismo y al despotismo— sólo engendró mayores oportunidades para el terror, fortalecimiento de los autoritarismos y sangrientos enfrentamientos sectarios: inseguridad, miedo y fraccionalismo. La situación creada por Bush hijo y sus cohortes de cristianos renacidos, neoconservadores estrábicos, nacionalistas militantes y militaristas cobardes

(Cheney se excusó del servicio militar en Vietnam alegando que tenía "otras prioridades") pudo conducir a una conflagración mayor en la región.

Arthur Schlesinger depositó su fe más fervorosa en los poderes de recuperación de la democracia americana.

La doctrina Bush está obsoleta. El unilateralismo militante, la supremacía armada, el desdén hacia el derecho internacional, la *hubris* de la superioridad, conducen a las prisiones de Abu Ghraib y Guantánamo y a lo que Schlesinger llamó un necesario "cambio de régimen" en Washington. Al cabo, añade, hay lecciones positivas de una situación negativa:

Estados Unidos es un imperio incompetente y de corta vida, una débil imitación de Roma, Inglaterra y Francia, imperios organizados y longevos. Estados Unidos es un imperio internacional limitado por su propia política interna. Estados Unidos es una democracia incapaz de corregirse a sí misma. Estados Unidos es una superpotencia pero no goza de omnipotencia: la fuerza militar no sustituye a los amigos y a los aliados.

Es hora de abandonar una política unilateralista fracasada y retomar el abandonado objetivo de Franklin D. Roosevelt y de Bill Clinton: la acción colectiva mediante instituciones internacionales. Por fortuna, esto ha hecho el sucesor de Bush, Barack Obama. Como correctivo de las peligrosas y fracasadas políticas de

Bush, Obama pronuncia un discurso en El Cairo el 14 junio de 2009 en el que, para empezar, da la mano a las fuerzas democráticas que, después, derrumbaron a los tiranos de Egipto, Túnez y Libia. "Todos los pueblos anhelan... decir lo que piensan y determinar cómo son gobernados... un gobierno transparente y que no le robe a la gente." Éstas, añadió Obama, no son sólo ideas norteamericanas, "son derechos humanos". "El poder", dijo Obama, "se mantiene con el consentimiento, nunca con la coerción".

En 2009, estas palabras, dichas en el Egipto de Hosni Mubarak, fueron tildadas de idealismo. Hoy, son la realidad de África del Norte: depuesto Mubarak, en fuga Ben Ali, asesinado El-Gadafi. Éste fue capturado en un túnel de Sirte, befado, insultado, mientras se defendía débilmente: "¿Quiénes son?" "¿Por qué hacen esto?" y se tocaba la sangre en el rostro, "miren lo que han hecho". Preguntó alguna vez Gadafi, "¿Miren lo que he hecho yo?".

Rara vez el poder "mira lo que ha hecho". La ceguera, la adulación, la mentira obligan al poderoso a ver lo que él quiere u otros quieren que vea. Por eso es tan importante un ejercicio crítico como el de Arthur Schlesinger. Por eso cuenta tanto el "deshacer entuertos" de Barack Obama. A sus palabras de El Cairo han seguido el retiro de Irak, la inevitable retirada de Afganistán, el reconocimiento de la novedad política de África del Norte. Pero la persistente política contra el terrorismo, no contra las naciones, ejemplificado en la muerte de Osama bin Laden, la persistente búsqueda de una solución diplomática en Irán, pese a sus provocaciones de los ayatolas y su marioneta, Ahmadinejad, dan dirección a la política de Obama.

No digo que estos problemas, en 2012, estén resueltos, como el fin de la dictadura de Díaz y la elección de Madero no resolvieron, por sí, los problemas de México. Nos aguardaban diez años de lucha armada entre las facciones de la propia Revolución. Lo que ya no fue posible fue el regreso al pasado.

Porque supo y dijo esto, la voz de Schlesinger sigue importando en este agitado inicio del siglo XXI.

Tres mujeres desconocidas

Creo en mujeres concretas. Con sexo. Con nombre. Con biografía. Con experiencia. Con destino. La filósofa judía-alemana Edith Stein (1891-1942) discípula de Edmundo Husserl, en 1933 entró en el Carmelo, se convirtió en Sor Benedicta de la Cruz y nunca renunció, sin embargo, a sus raíces hebreas. Alegó que el antisemitismo era un Cristicidio y cuando en 1933 el Papa Pío XI dijo textualmente, "La Iglesia ora por el pueblo judío, portador de la Revelación hasta la llegada de Cristo", Edith Stein se siente con derecho a pedirle a su sucesor, Pío XII —Eugenio Pacelli— una encíclica para proteger a los judíos. "Espiritualmente, todos somos judíos", le dice la monja hebrea al pontífice pro-germano. No obtiene respuesta. Pío XII no protegerá a los judíos y Edith Stein será arrebatada a la protección de la Iglesia y deportada por los nazis, a pesar de ser monja, al campo de concentración. ¿Quién puede ignorar estos hechos y hablar del destino de las mujeres en la historia, nuestra historia? Edith Stein murió en Auschwitz en 1942. Antes, había dicho: "La razón nos divide. La fe nos une", en su libro *La ciencia de la cruz.* Yo supe de Edith Stein y la leí muy joven, a los diecinueve años, gracias al malogrado filósofo mexicano Jorge Portilla, un devoto de esta mujer y pensadora mártir. Pero "mártir" quiere decir, etimológicamente, "testigo".

Anna Ajmátova (1889-1966) fue, con la sola posible excepción de Osip Mandelstam, el/la poeta rusa más grande del siglo XX. Los hombres la amaron pero no la comprendieron. Todos lo admitían: Anna era más orgullosa y más inteligente que ellos. Detrás de su fragilidad aparente había una férrea voluntad. Fragilidad y voluntad le dieron alas a su maravillosa poesía, acaso condensada en un poema que funde en un solo reconocimiento terreno y eterno al escritor y al lector: "Nuestro tiempo en la tierra es pasajero / La ronda prevista es restrictiva / Pero el lector —el amigo constante del poeta— es devoto y duradero". Esta inmensa fe en la poesía fue la grandeza pero también la cadena de Ana Ajmátova. Resuelta a seguir su camino libre fuera de las restricciones de Zhdanov y el "realismo socialista", fue calumniada y perseguida por Stalin. El sagaz dictador vio en Ajmátova una fuerza doblemente peligrosa, intolerable ser mujer y ser poeta. Disputarle una parcela de gloria al poder. "Yo tomo de la derecha y de la izquierda… y todo al silencio de la noche" escribió, advirtiendo, para que el tirano no se engañase, que el coro de la poesía siempre está "en la otra orilla del infierno". En 1935 su poesía es prohibida por el régimen, se le tilda de "puta" y "contrarrevolucionaria". Sus poemas sólo permanecen en la memoria de quienes los leyeron a tiempo. Pero la Guerra le devuelve popularidad y honores: su voz resuena con los tonos más profundos de la tradición literaria rusa y de la resistencia de su pueblo. Es consagrada. Demasiado consagrada. Sus poemas y conferencias en defensa de la ciudad sitiada, Leningrado, le otorgan popularidad, ovaciones, premios. Pero ella sabe que "como un vampiro, el verdugo siempre encontrará una víctima, sin la cual no puede vivir". El verdugo espera en la sombra. Al terminar la guerra, Stalin se pregunta si esta mujer independiente y genial no merece, cuanto antes, perder la ilusión de que, por haber contribuido a la victoria, ha ganado su libertad. Ordena que se le despoje de libertad y gloria. Pierde su apartamento, sus ingresos como escritora. Vive en la miseria, el frío, el hambre. Subsiste gracias a la caridad de sus amigos. Y para acabar de una vez por todas con cualquier pretensión de que la libertad creativa no tiene un altísimo precio, su hijo es enviado a un campo de concentración. Liberado en 1956, el hijo y la madre ya no se reconocen. No tienen nada que decirse. El hijo traslada a la madre el rencor de su propio sufrimiento. "Mis contemporáneos y yo podemos contaros —dice Ajmátova en su gran *Poema sin un héroe*— cómo vivimos en miedo inconsciente. Cómo criamos hijos para el verdugo, hijos para la prisión y la cámara de torturas". Con razón dice que "rara vez visito a la memoria y cuando lo hago me siento siempre sorprendida". Es mejor pegar el oído a la hiedra y convencerse de que "algo pequeño ha decidido vivir". Cuando murió Ajmátova, la fila de dolientes afuera de la Casa del Escritor en Moscú se extendió a lo largo de varias cuadras. Éste es su testamento: "Ni siquiera hoy conocemos bien a bien el mágico coro de poetas que son nuestros, ni siquiera hoy entendemos que la lengua rusa es joven y flexible, ni siquiera hoy sabemos que apenas hemos empezado a escribir poesía, que la amamos y creemos en ella...". Dicen que siempre caminó con paso firme y sereno. Dicen que jamás se dejó vencer por los intentos de humillarla.

La filósofa judía-francesa Simone Weil (1909-1943) fue discípula de Alain y su mandato de re-pensarlo todo a partir de la lectura, cada año, de un filósofo y un poeta, v. g., Platón y Homero. Alain decía no ser ni comunista ni socialista. "Pertenezco a la eterna izquierda, la que nunca ejerce el poder que por esencia se inclina al abuso." Pero Simone Weil no sólo lo re-pensó todo. Quiso convertir su pensamiento en acción, ponerlo a prueba en la calle, en la fábrica, en el campo de batalla. Como estudiante, es conocida como La Virgen Roja y su manera de ser de izquierda es entrar a trabajar a una fábrica, luego luchar contra el fascismo en España, luego rechazar el "patriotismo de la Iglesia" y las voces católicas de Francia que dicen: "Mejor Hitler que el Frente Popular". Pero Simone Weil también rechaza el comunismo soviético después de conocer las purgas de Stalin. Ésta es su convicción: "Dentro de poco, se reconocerá a los revolucionarios auténticos porque serán los únicos que no hablarán de revolución. Nada en el presente merece ese nombre". Mientras más echa raíces en la tierra del trabajo y la política, más atraída se siente —entre la gravedad y la gracia— por Dios. Será, sin embargo, una cristiana fuera de la Iglesia, a la que ve como una estructura dogmática y burocrática. Ella quiere estar con Dios y actuar libremente. Y estará con Dios porque está convencida de que "lo único que creó Dios fue el amor y los medios para el amor". Dios existe —dice Simone Weil— porque mi amor no es ilusorio. Por ello se siente dueña de su libre arbitrio. De su libertad depende su aceptación o rechazo de Dios. El 15 de abril de 1943, Simone Weil muere de inanición en un hospital inglés. Se le prohibió unirse a la Resistencia en Francia. Entonces ella se negó a comer más que la ración diaria de un prisionero en un campo, a pesar de que la minaba la tuberculosis. He creído toda mi vida en Simone Weil, desde que leí su maravilloso ensayo "*La Ilíada.* Poema del poder" y me aprendí de memoria las lecciones que Simone deriva de Homero: "Nada está a salvo del destino. Nunca admires al poder, ni odies al enemigo, ni desprecies al que sufre".

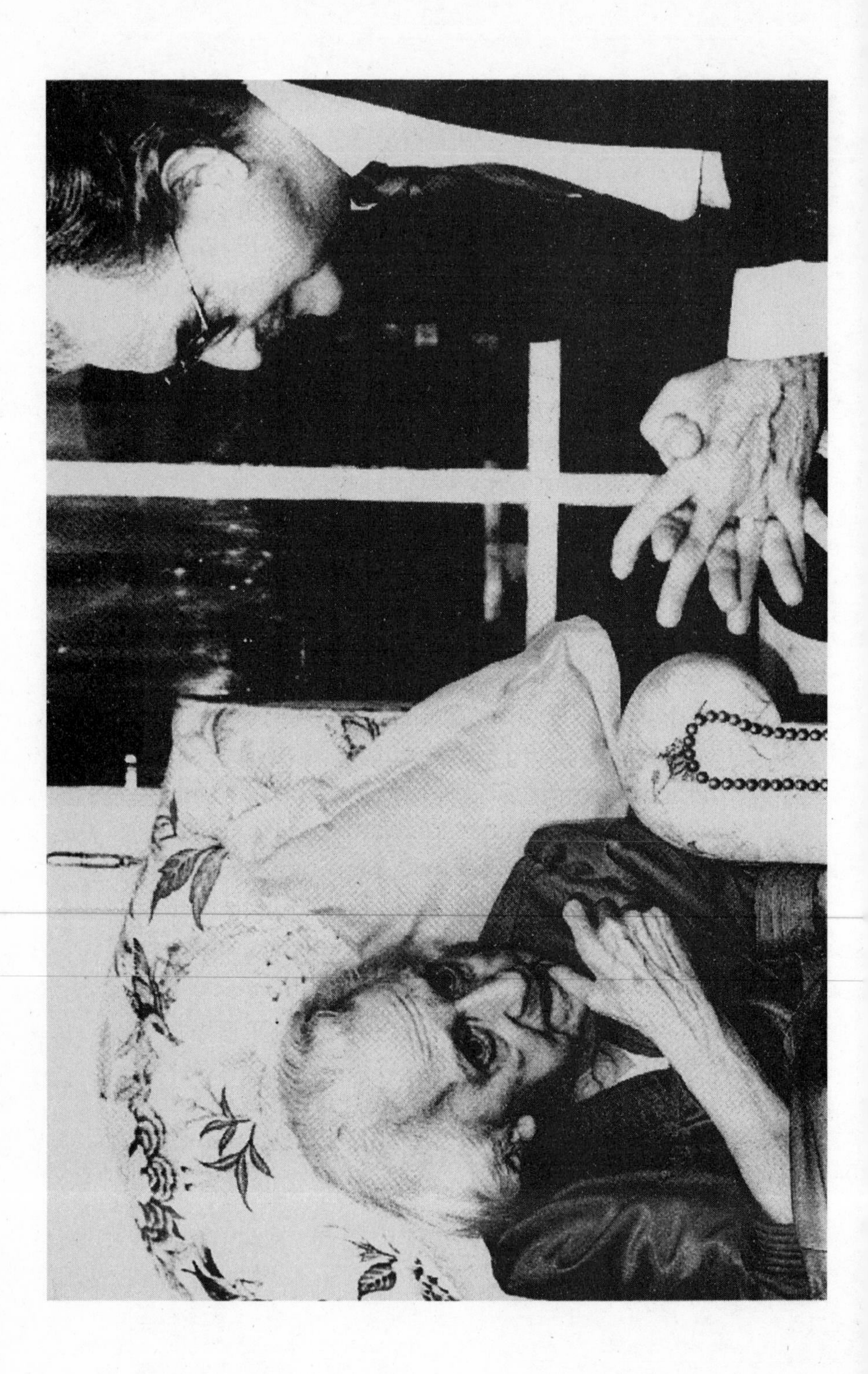

Dos mujeres por conocer

Susan Sontag

Conocí a Susan Sontag una asoleada tarde de julio de 1963 en Nueva York. Mi editor norteamericano, Roger Straus (desaparecido en 2004), me invitó a comer al hotel Stanhope, en la Quinta Avenida. Por ser día de calor, el hotel había dispuesto un café al aire libre en la acera frente al Museo Metropolitano. Busqué la cabeza blanca y rizada de Straus, un hombre seductor, con un toque de dandy neoyorquino de los años treinta, una risa domeñada y una mirada traviesa. Al terminar la Segunda Guerra Mundial, Roger había fundado la firma Farrar & Straus y se había distinguido, *rara avis*, por la atención prestada a autores extranjeros. La nueva literatura italiana era su terreno preferido (Moravia, Silone, Morante, Pavese, Levi), pero su interés por Latinoamérica fue iniciático. Fue Straus quien rescató del anonimato a la chilena María Luisa Bombal y redescubrió para la lengua inglesa al brasileño Machado de Asis, además de encargarse de las ediciones populares de Alejo Carpentier.

Ahora entraba yo a la legión literaria de Straus, pero él, aquel caluroso día de verano, me preparaba una singular sorpresa: conocer a Susan Sontag, que jamás pertenecería a legión alguna, pues era dueña de una individualidad que, pronto lo supe, era el ancla profunda y poderosa de su enorme capacidad para llegar con entereza intelectual a los dominios compartidos: la comunidad, la sociedad, la polis, los otros.

Parecía una heroína bíblica. Muy alta. Muy morena. Larga cabellera negra. Sonrisa como un regalo —que no una concesión— de su fundamental seriedad. Ojos negros y perpetuamente interrogantes. Y el cerebro más rápido e intransigente que me ha cabido, en vida, conocer. No fue casual que su primera pregunta, al sentarme con ella y Straus, fue: "¿Qué opinas de la relación entre Hegel y Feuerbach?". Esto, que en otra persona hubiera infundido pavor a quien lo escuchase, no dejó, en efecto, de alarmarme, si no me hubiese dado cuenta en el acto de que Susan Sontag planteaba toda la relación de amistad a partir del respeto y el desafío a la inteligencia del otro. No se trataba, en realidad, de hablar de dos filósofos alemanes, sino de establecer de inmediato el nivel de la amistad como una forma de la inteligencia. O viceversa.

Que ese inmenso talento de Susan Sontag no se detenía en la razón, sino que comprendía al corazón, lo llegué a entender a lo largo de una amistad que, si no fue todo lo frecuente que yo hubiese deseado, siempre fue estelar, un verdadero collar de discretas joyas llamadas imaginación, información, curiosidad, calor humano y, sobre todo, la convicción profunda de que la literatura es el aposento de una sensibilidad verbal sin la cual desertamos el don mayor de los seres humanos: comunicarnos con palabras. Porque cuando mueren las palabras sobreviene la "selva salvaje" de la violencia, la ignorancia y la guerra de todos contra todos.

No minimizo la producción literaria de Sontag si recuerdo que este humanismo verbal propio de su perfil la pinta de cuerpo entero. Susan estuvo presente en Vietnam para denunciar el error de una guerra y en Sarajevo para averiguar el horror de otra. Su batalla política final la dio contra el gobierno de George W. Bush y los peligros de una política externa producto de la ignorancia, la soberbia y el peligro de suprimir, en el propio Estados Unidos, las libertades públicas. Fue la primera y más fuerte de los intelectuales del norte contra la pandilla de la Casa Blanca y las teorías suicidas del unilateralismo y la guerra preventiva.

La inteligencia ciudadana de Susan Sontag hubiese bastado para acreditar su importancia moral. Ello no bastaría, sin embargo, para olvidar que, ante todo, Susan fue una de las mayores voces intelectuales de América y del mundo. Y seguramente, una de las más renovadoras. Su gran aporte consistió en revelar el valor de lo popular, la importancia de lo que parecería menos importante, el cine, la moda, la cursilería, el camp, la relevancia de lo marginal, excéntrico, perecedero, las obras del tiempo en su sentido más radical. Cuando la eternidad se mueve, la llamamos tiempo, escribió Platón.

Ese movimiento del tiempo, la certeza de que la inmortalidad no se sabe inmortal y de que nuestras vidas se disminuyen si dejan pasar, con aire solemne, las mil y una diversiones de la vida cotidiana, son temas que le dieron una originalidad necesaria a obras como *Contra la interpretación* y *La voluntad radical.*

Sontag, dentro de la caverna de Platón, veía la proyección del cine de Fassbinder y de Ichikawa, del arte de Warhol y de los ensayos de Barthes.

Pero hubo un momento en el que Sontag entró de lleno en temas que claman nuestra atención y no la obtienen, entre otros motivos, porque carecen de atractivo estético. La enfermedad en general. Y el sida en particular. Metáforas del mal que quisiéramos ocultar en sombra y nombrar en silencio, Sontag las llevó a la luz pública, a la reflexión humanista, a la revelación. Consciente de que el dolor requiere un lenguaje, Sontag le dio las palabras indispensables a las enfermedades silenciadas, trátese de la tuberculosis ayer o del sida hoy.

Lo hizo con el valor y el tacto con que esta admirable mujer empleaba el lenguaje. Su mayor orgullo literario era ser novelista. *El benefactor*, *Estuche de muerte*, *Yo, etcétera*, *El amante del volcán* y *En América* son obras de extrema fidelidad al credo de Sontag: la literatura es la reserva primaria de la sensibilidad.

"Sontag" quiere decir "Domingo". Pero el día de Susan Sontag no es jornada de reposo, ni día del Señor. Es día de Luz. Y si escribo la palabra con ele mayúscula es porque esta mujer victoriosa, vencedora de la enfermedad, expatriada de la muerte, americana universal, pensadora insatisfecha, crítica de su patria cuando Estados Unidos se traiciona a sí mismo, hermana de las incontables víctimas de la violencia histórica, pensadora del pasado para entender mejor el presente, definitiva definitoria de la "interpretación" de la modernidad, es, sobre todo, novelista.

¿Qué clase de novelista? En la gran línea de Hermann Broch, polifónica. *El amante del volcán* y *En América*, son coros narrativos en los que la gran ensayista, heredera de Walter Benjamin y de Isaiah Berlin, expande el territorio de la narrativa para incluir historia, filosofía, pasión personal, biografía, ensayo y fábula, todo ello inmerso en una conciencia del mundo que, mágicamente, excluye la conciencia autoral.

Hay un "yo" invisible en las novelas de Sontag y nada ilustra mejor este aserto que el "capítulo cero" de *En América*, la obertura casi operística de un "drama giocoso", que diría Mozart, en la que los personajes de la obra están todos presentes en una reunión espectral, atemporal, puramente imaginativa, a la cual asiste ese "yo" invisible que enseguida desaparecerá para dar curso a la obsesiva saga de los expatriados —que no inmigrantes— a una América que sólo inaugura su modernidad gracias a su extranjeridad —el flujo de Europa al

Nuevo Mundo— y luego se incorpora a la derrota del olvido norteamericano, el país que quiere ser puro futuro.

Por eso Susan Sontag aterriza en América como un ave solitaria, bella y ligeramente amenazante, para decirle a sus compatriotas:

—Recuerden.

La memoria propuesta por Sontag no es ajena a la incomodidad de saber que la insatisfacción es el motor de la energía y que la felicidad es sólo un instante fugaz, y no ese derecho beato prometido por los documentos de la fundación norteamericana. "Mi América se llama Europa", declara Sontag con orgullo desafiante. El desafío es el de ampliar constantemente el horizonte de la cultura. Hallar la unidad posible sólo en virtud de una cultura multidimensional. Asumir la carga del pasado, y darle a todo ello forma literaria. Sontag, la narradora de ficciones, asume el descrédito de las viejas máximas de la crítica doméstica anglosajona (ejemplo: E. M. Forster en *Aspectos de la novela*). Sontag niega la buena educación de escribir novelas con inicio, mitad y fin. Y se suma, junto con sus amigos Juan Goytisolo y José Saramago (entre otros), a la creación de novelas de proceso y transición interminable…

"Mi América se llama Europa", dice la eminente ganadora del Premio Príncipe de Asturias de las Letras 2003. Esa "vieja Europa" despreciada por lo que Susan Sontag denomina, sin titubeos, el fundamentalismo imperialista del gobierno de George W. Bush, "un presidente robot", mera figura de una sociedad movida por la fuerza, la ambición y el lucro. Lo que Sontag denuncia es la mentira como velo de la violencia. Nos pide reflexionar sobre la violencia de quienes designan y deciden la realidad de la guerra. Lloremos juntos, dijo el 11-S, pero no seamos estúpidos juntos. Estados Unidos es fuerte, pero tiene que ser algo más que "fuerte". Tiene que ser una promesa con memoria, una libertad crítica, un derecho radicado en la humanidad de cada ciudadano. "Hay tanto que admirar. Hay tanto que deplorar", dice esta mujer de tiempos múltiples, la Sontag moderna que nos describe, en *El amante del volcán* y *En América*, que la experiencia nacional sólo se intensifica mediante la experiencia universal. Y que un escritor no es lo que representa, sino lo que escribe.

Tuve muchos momentos de amistad con ella. Como co-jurados —conjurados— en el Festival Cinematográfico de Venecia del año 1967, cuando disputamos preferencias estéticas, ella favorable a Godard, Moravia a Pasolini y Juan Goytisolo y yo —montoneros hispánicos— a favor del, finalmente, premiado Buñuel. En las playas del Lido, Susan tenía por lectura ligera, de vacaciones, a Henry James. En los cafés de Manhattan, descubrió antes que nadie en América la gran novela de Italo Calvino *Si una noche de invierno un viajero* y me confió —alegría compartida— que "ésa es la novela que me hubiese gustado escribir". Este sentimiento de la admiración y la sorpresa —la capacidad de descubrir y querer lo desconocido, prueba de juventud permanente— era habitual en ella y nos llevaba a sus amigos a leer lo que, sin ella, acaso hubiese pasado inadvertido. Recuerdo así su contagiosa lectura de Sebald, de Nádas, de Manea, de Kuzniewicz. El redescubrimiento de Rulfo, cuyo *Pedro Páramo* prologó.

La invité a participar en las conferencias acerca de la geografía de la novela en El Colegio Nacional de México donde, rodeada del entusiasmo del público y del amistoso calor de Juan Goytisolo, José Saramago, Sealtiel Alatriste y J. M. Coetzee, Sontag hizo un relato magistral de cómo puso en escena, en medio de los horrores de la guerra de Sarajevo, la obra de Samuel Beckett *Esperando a Godot*, y cómo, en una ciudad asediada, un teatro del asedio devolvía a los espectadores ese otro nombre de la acción que llamamos "esperanza". La vi por última vez en Montreal el mes de marzo del 2004. Recuperada de dos batallas contra el cáncer, me dijo sonriendo: "Como en el beisbol, la tercera es la vencida. *Three strikes and you are out*".

La "vencida" llegó con la Navidad del 2004. La noticia de su muerte me retrotrae a ese diálogo reciente en Montreal, cuando Susan culminó nuestra conversación sobre agendas de nuestro tiempo con una rotunda afirmación: "La condición femenina, el acceso de la mujer a la dignidad, al trabajo, a la ley, a la plena personalidad, será el tema central del siglo XXI".

Recordé, escuchándola, viéndola transformada por la enfermedad, a la joven de 18 años que se atrevió a pedirle una entrevista a Thomas Mann en Los Ángeles y, ya frente a él, no supo qué decir. La admiración la rindió. Pero acaso un día, Susan recordó al Settembrini de *La montaña mágica* cuando nos dice que no hay gran literatura que no se refiera al sufrimiento y que no esté dispuesta, como literatura, a asistirnos, a apoyarnos ante el dolor.

Y acaso recuerdo para siempre algo que le debo al accidente del cine: la imagen de la niña Susan interpretando el papel de la fiera Pearl Chávez —ya de grande, Jennifer Jones— en la película *Duelo al sol.* Filmada en la Arizona de su infancia, la obra de King Vidor preserva para siempre la mirada melancólica de una niña morena, de cabellera larga con flores en el pelo.

María Zambrano

Cuando, unánimemente, los miembros del jurado para el Premio Cervantes 1988 decidimos otorgarlo a María Zambrano, fue, sin duda, el extraordinario valor de su obra de pensadora, su prosa diáfana, su amplitud y profundidad temática, el carácter insustituible de sus libros, lo que nos motivó principalmente.

Otras consideraciones inmediatas saltaron, asimismo, a la vista. Ésta era la primera vez, en catorce ediciones, que se le daba el premio a una mujer. La primera vez, también, que se galardonaba el género del ensayo como forma principal de la escritura premiada.

Pablo Antonio Cuadra, recuerdo, añadió otra consideración: La trayectoria transatlántica de María Zambrano, sus años de exilio y su resistencia en las tierras mexicanas, cubanas y chilenas, nos permitían añadir que éste era un premio hispanoamericano. ¿No lo son, sin embargo, todos los premios para todos los libros escritos en nuestra lengua? El concepto de la "literatura mundial" de Goethe empieza a ser no sólo ideal, sino realidad en nuestro tiempo. Las reducciones literarias, como las misiones jesuitas en el Paraguay, pueden salvar a algunas buenas almas (en este caso, las del nacionalismo literario) pero a costa del aislamiento y, finalmente, de la muerte. Cultura aislada es cultura muerta. Sólo el contacto vivifica. Atenas se muere de curiosidad, y vive. Tenochtitlan vive de terror, y muere.

¿Existen, estrictamente, literaturas española, mexicana o venezolana? El siglo pasado, Giuseppe de Sanctis hubiese dicho que sí: la historia de la literatura es una serie de historias nacionales. En los tiempos actuales de comunicaciones masivas e instantáneas, interdependencias de toda suerte y adelantos tan maravillosos en ocasiones como detestables en otras, no quedan provincias literarias que puedan gozar de autarquía. Las Albanias literarias pierden todo sentido cuando es la literatura misma, en todas partes, la que constantemente pierde territorios, novedades, antiguos privilegios que le han sido arrebatados, sin muchos miramientos, por cine, televisión, periodismo, medios masivos... Así como nadie escribe ya cartas si cuenta con un teléfono, nadie lee novelas si puede verlas gracias a su antena parabólica.

La necesidad de potenciar el pensamiento, la imaginación y el lenguaje escritos se vuelve, en estas circunstancias, algo más que casual, algo más que fatal: se convierte en algo necesario. ¿Qué puede decirse mediante la literatura que no puede decirse de ninguna otra manera? La verdad de un solo corazón o de una sola aldea, claro que sí, pero postulado, más allá de ese corazón o de esa aldea, como eso que de María Zambrano decimos todos: como un texto insustituible, que persuada por ser escritura, no porque pertenezca a tal o cual geografía.

Desacreditada la referencia nacional de la literatura, resalta aún más la necesidad de potenciar el texto por otros medios. Entonces sí que la lengua en que el texto está escrito se convierte en el puente entre un solo corazón y muchos corazones. Entonces sí que para potenciar el texto hay que potenciar la lengua en que está escrito. La nuestra es el castellano y escribiendo en español, aunque seamos mexicanos, argentinos o extremeños, encontramos el territorio inicial que nos une en vez de dividirnos; que nos relaciona en vez de aislarnos.

Nuestra participación en la literatura mundial tiene que partir de nuestra identificación dentro del área lingüística común del castellano. Quizás, algún día, vayamos más allá de este signo verbal. Por lo pronto, ni la provincia ni el cosmos, sino una patria común de la imaginación y del pensamiento dichos en español. Y esto no sólo vale para nosotros, sino para las demás áreas lingüísticas. El poderoso idioma inglés contemporáneo incluye al británico Bruce Chatwin, al indostánico Salman Rushdie, al trinitario Derek Walcott, a la sudafricana Nadine Gordimer, al nigeriano Wole Soyinka... El género novelístico, visto con un prisma nacional, resulta pobre: no hay más de dos o tres figuras, a veces ninguna, en cada nación. Pero, internacionalmente, es posible observar una de las constelaciones más brillantes de la historia narrativa: de Grass a García Márquez a Goytisolo, de Kundera a Konrad, de Joan Didion a Anita Desai...

La obra de María Zambrano no sólo enfoca la visión de nuestra comunidad lingüística y de su capacidad para imaginar y para pensar en español. Además, hace de esta virtud re-ligadora (religiosa en este sentido) una actividad política (en el sentido, también, de reunir, religar, revelar la relación entre las cosas, las asociaciones posibles y los parentescos olvidados). Lenguaje, pensamiento e imaginación, inseparables en su obra, poseen para mí, hispanoamericano como ella, una significación muy especial. La figura central del pensamiento de Zambrano se llama Antígona. Y sin Antígona "el proceso trágico de la familia y de la ciudad no hubiera podido proseguir, ni arrojar su sentido".

Esta lectura de Zambrano devuelve a nuestra literatura (lenguaje, imaginación, pensamiento) la resonancia trágica de la cual, sobre todo de nuestro lado americano del Atlántico, ha carecido. Bautizados por la utopía —la imaginación de América importa más que su descubrimiento—, hemos sido los huérfanos más abandonados de la Tragedia. Si el mundo moderno se despojó del pensamiento trágico para consagrar un optimismo beato (y barato) del progreso y la felicidad, en América evocar la tragedia es traicionar nuestra acta de fundación, que es la Utopía.

Hemos querido ganar el tiempo mediante la negación (*u-topos*) de un espacio que nos agobia ("¡Se los tragó la selva!"). Por ello, hemos corrido el riesgo de perder ambos. Todo lenguaje, nos propone Bajtin, es una cronotopía. La dimensión temporal de esta ecuación, nos recuerda María Zambrano, se pierde sin la Tragedia, porque sólo ella nos permite darle valor al tiempo, transformando la experiencia en conocimiento. Si esto se entiende (y se vive), los medios de comunicación masiva constituyen tan sólo (y qué bien que así sea) el reino de la información. Pero el dominio (y el demonio) de la experiencia transmutada en conocimiento es el de la literatura. Y su paso necesario (ni casual, ni fatal: otra vez necesario) es la Tragedia, que elimina el simplismo maniqueo (bueno o malo: conflicto de virtudes, tan cómodo para los medios de información y diversión) y se instala en el conflicto de valores: tanto Antígona y su valor, que es la familia, como Creonte y su valor, que es la ciudad, tienen razón. Por eso es trágico el conflicto, porque las dos partes son justas. El melodrama le pertenece a *Dallas*, a *Dynasty* y a veces al teatro político: qué bien. La tragedia le pertenece a Sófocles y a quienes saben transformar la experiencia en conocimiento: Kafka, Faulkner, Broch, Beckett, contemporáneamente. Y esta singular pareja: María Zambrano y su hermana Antígona.

La literatura de la América española, engolosinada con su promesa utópica (ruiseñor y albatros de nuestra historia) rara vez ha frisado la cronotopía de la Tragedia. Quizá sólo los poetas, Vallejo, Neruda y Lezama, narrador también en su *Paradiso* y, en su laberinto, el general de García Márquez. María Zambrano nos recuerda a todos los que escribimos en español que corremos el riesgo de disfrazar la destrucción con la Utopía. Pues nuestro engolosinamiento con la catástrofe histórica puede ser el reverso de la medalla utópica. Un desastre seguido de la ilusión que nos impide juzgar la experiencia y convertirla en conocimiento, ¿Cuánto tiempo antes de que la ilusión engendre su propia destrucción? Nada, minutos apenas antes de que ambas —la violencia y la quimera— caigan en ese abismo que rodea a la ciudad que se llama, dice Zambrano, el Caos. Una palabra sin plural.

Pues de eso se trata, finalmente. De construir la Ciudad, y ni el clamor perpetuo sobre la catástrofe, ni su espasmódico trueque por la ilusión, pueden sustituir el trabajo de la Tragedia, que es conflicto de valores, conflicto antagónico y antigónico en el que las partes no se aniquilan unas a otras, sino que se resuelven la una en la otra: familia y ciudad en Antígona, hombre y dios en Prometeo… Y si éste es devorado por haber usado su libertad, ¿sería más libre, se pregunta Max Scheler, si no la hubiese empleado? Y si Antígona cae en los infiernos, añade Zambrano, ¿viviría en un paraíso si careciese de su tumba y de su soledad? Antígona, nos da a entender nuestra escritora, se ha ganado el tiempo para vivir su muerte. Ello supone que se ha ganado también, antes o después de su muerte, el tiempo para morir su vida.

La obra de María Zambrano nos deslumbra porque nos revela que a partir de nuestra lengua podemos llegar al nivel auténtico de la imaginación y, finalmente, del conocimiento, que trascienden pero no anulan, jamás, al lenguaje mismo. Restaurando el pensamiento trágico que le da tiempo a nuestra experiencia lingüística para convertirse en conocimiento, María Zambrano y su hermana Antígona nos religan, nos poetizan y nos salvan a todos del desastre, éste sí irredento porque es lineal y mata a sus propios tiempos, de un progreso ciego y autocomplaciente.

María Zambrano restaura las "eras imaginarias" —otra vez Lezama— de una civilización —la nuestra— a fin de ofrecernos una plenitud que no necesita reducir o sacrificar ninguno de sus componentes: lengua, pensamiento, imaginación. Ningún espacio: el de una ciudad, un mar o una tumba. Ningún tiempo: el de una experiencia y su ritmo lingüístico propio para llegar a ser conocimiento.

Sentada en la soledad oscura de su piso madrileño en el que los árboles le pintan luz al sol y el sol, a pesar de todo, se abre paso a ese "estado de sueño" que era, para Zambrano, "estado inicial de nuestra vida".

Para ella, se abandona el sueño para darle paso a la vigilia. ¿Qué sucede en el sueño para que de él nazca la vigilia? En el sueño no nos hacemos preguntas. Nunca disentimos. Nunca "pensamos". En sueños "no existe el tiempo... Al despertar nos asalta el tiempo". Y ya en el tiempo, convertimos en pasado lo que nos pasa. De lo contrario, todo nos sería contemporáneo y la vida sería una pesadilla. ¿Necesitamos, por esto, al sueño para obtener una semblanza, al despertar, de la sucesión del tiempo? ¿Es el sueño la compensación de la simultaneidad temporal?, le pregunto a Zambrano la tarde en que la visité en Madrid.

La pregunta me importa porque la condición misma de la novela moderna ha consistido en proponer lo imposible: la simultaneidad —Woolf, Faulkner— contra la sucesión. Entender lo imposible. Saber de antemano que va a fracasar. ¿Es una consolación para esto la filosofía?

No sé si Zambrano me responde con lástima, con incertidumbre o con simple verdad:

—En sueños no se puede hacer nada.

—¿En qué momento se puede entonces hacer? ¿Al despertar?

Exiliada tras la muerte de "la República niña", peregrina de México y Cuba, París y el Jura, al cabo reintegrada a España, María Zambrano nos dio a todos una lección. Ella hizo este viaje, no para recuperar el pasado, sino para volver a nacer. Ni nostalgia ni esperanza, sino un reconocimiento del hombre occidental que disipe lo que se ha perdido.

Tarea enorme esta que propuso Zambrano, porque al cabo le niega inocencia a los que ya son, luego a ella misma —pero le abre paso a lo que sigue, a lo que viene, a la pobreza que se requiere para seguir naciendo.

Ha recordado, otra vez, esta lección de María Zambrano en mi propio país, México, donde una élite fatigada (soy parte de ella) es incapaz de diseñar el porvenir de una población de gente joven: la mitad de la nación, portadora de ideas, confrontamientos y soluciones que ni siquiera adivinamos. El mundo, recordaba ella, era "oficialmente" idealista, pues el idealismo puede ser una barrera a la verdad inquietante, resuelta, conflictiva, buscona...

—¿Y necesaria? —le pregunto.

—La libertad sólo se encuentra a través de la necesidad.

—¿Y la literatura?

María Zambrano no me contestó. La visito en un gran apartamento madrileño, arbolado en la calle, oscuro en el mediodía, donde ella parece esperar algo —todo, nada— sentada en la penumbra.

Lázaro Cárdenas

¡Viva Cárdenas! La gira con el general Lázaro Cárdenas por el centro de la República en 1961 nos llevó primero a Querétaro. Visitamos el Cerro de las Campanas, donde Maximiliano, Miramón y Mejía fueron fusilados por las fuerzas republicanas en 1867.

En Guanajuato, Cárdenas nos propuso darle una vuelta a la plaza. Primero vamos solos, el general, su hijo Cuauhtémoc, Francisco López Cámara y yo. Poco a poco se van uniendo muchas personas, sobre todo estudiantes de la Universidad. La mayoría no había nacido cuando Cárdenas era presidente. Ahora lo reconocen, lo recuerdan, lo interrogan sobre el presente y el porvenir del país. Sólo que, rodeado de jóvenes, Cárdenas le da menos valor a su experiencia del pasado y relieve mayor a su esperanza del futuro. Hay algo emocionante y explícito en su conversación ambulante alrededor de la plaza. Cárdenas nunca pierde de vista que fue jefe de Estado, pero más presente tiene que ahora es ciudadano y que comparte ciudadanía con los muchachos que lo rodean.

Digo que yo sólo conocí al general Lázaro Cárdenas en 1961, cuando me invitó a acompañarlo en una gira por los estados de

Querétaro, Guanajuato, Jalisco y Michoacán. Pero sentí entonces (como siento hoy) que lo había conocido desde siempre. Mi infancia transcurrió durante la presidencia de Cárdenas y desde un mirador privilegiado: la embajada de México en Washington, donde mi padre era colaborador muy cercano de un gran embajador, el doctor Francisco Castillo Nájera. Castillo Nájera fue el enlace fundamental del presidente Cárdenas con el presidente Franklin D. Roosevelt. Los otros dos intermediarios de relieve eran, en México, Ramón Beteta, subsecretario de Relaciones Exteriores, y en Washington, Sumner Welles, subsecretario de Estado. La tensión entre los dos países era muy grande. Y el tema del petróleo era, al lado de la cuestión agraria, la *litis* prioritaria entre México y Estados Unidos.

La decisión del presidente Francisco I. Madero de imponer un gravamen de un dólar a cada barril exportado movió a las compañías norteamericanas a influir sobre el presidente William Howard Taft y su embajador en México, el nefando Henry Lane Wilson, para preparar la conspiración huertista contra Madero y el asesinato de éste. La política petrolera fue condición para el "reconocimiento" del gobierno de Venustiano Carranza por Washington. El decreto carrancista del 19 de febrero de 1917 reafirmando la propiedad nacional del subsuelo fue denunciado por el secretario de Estado Robert Lansing como violación de los derechos norteamericanos de propiedad privada. El presidente Warren Harding condicionó el "reconocimiento" del presidente Álvaro Obregón a la intangibilidad del dominio extranjero sobre el petróleo. Las comunicaciones del secretario de Estado Charles Evans Hughes al canciller Alberto J. Pani son francamente amenazantes. Obregón cedió pero en 1925 la ley petrolera de Calles reavivó la controversia y las amenazas. Es cuando el secretario de Estado Kellog sentó a México "en el banquillo de los acusados de la opinión mundial". El canciller Aarón Sáenz llegó a una solución conciliadora. La ley petrolera no sería aplicada retroactivamente al año 1917, pero México aplicaría la "cláusula Calvo" negando a los extranjeros trato judicial distinto del que recibirían los nacionales salvo en los casos de denegación de justicia. Ello no impidió que el presidente Calvin Coolidge, en su mensaje al Congreso de 1925, declarase su intención de proteger las propiedades norteamericanas en México. Finalmente, la relación entre Calles y el nuevo embajador norteamericano, Dwight Morrow, calmó las aguas y aplazó la necesaria decisión que, al cabo, Cárdenas tomó en 1938: la propiedad del subsuelo es de la Nación y ningún interés particular, doméstico o extranjero, puede imponerse a esta norma constitucional. Mucho menos, cuando las compañías extranjeras desafían —como lo hicieron— las leyes y las decisiones judiciales de México.

Saco a luz estos antecedentes (memorablemente descritos por un gran patriota mexicano, don Jesús Silva Herzog padre) para que en el marco de la actualidad recordemos que el presidente Lázaro Cárdenas luchó contra un peso histórico que otros hubiesen considerado fatal pero que él transformó en base para una libre determinación política mexicana.

Queda dicho que Cárdenas, Beteta y Castillo Nájera contaron con el auxilio discreto y eficaz de Summer Welles, quien con su actitud a favor de México contradecía las convicciones de su jefe, el secretario de Estado Cordell Hull, íntimamente ligado a los intereses petroleros norteamericanos.

Lázaro Cárdenas cometió errores. Algunos son atribuibles al tiempo. Crear un Estado corporativo en un país convulso y desangrado era un paso adelante. Calles sólo concibió el Maximato para mantener el poder y la paz. Cárdenas decidió crear organizaciones campesinas y obreras que trascendieran el caudillismo y se gobernaran democráticamente. No fue así y él lo sabía. Se lo pregunté en 1961. Me contestó:

—Nosotros les entregamos las organizaciones a los trabajadores y a los campesinos para que ellos mismos las gobernaran. No fue mi intención que esos propósitos se frustraran y las organizaciones fuesen manipuladas y corrompidas.

La explicación de Cárdenas tenía un contexto. Las organizaciones obreras y campesinas que él puso en marcha requerían un Estado democrático y un Estado de derecho para prosperar. Sólo hoy, más de medio siglo después, hay democracia en México. Y aún nadamos, como dice Héctor Aguilar Camín, "en un mar de ilegalidad". La lucha de Cárdenas era más inmediata: acabar con el caudillismo, someter a ley a los caciques locales, desterrar el crimen como telón final de las vidas políticas. Muchas veces, Octavio Paz me habló de la admiración que él y su generación sentían hacia el presidente Cárdenas. "Antes de Cárdenas, nos gobernaron los matones —me decía Paz—. Cárdenas nos hizo sentir el alivio de un gobierno con las manos limpias de sangre". Sin derramar sangre, Cárdenas sometió a los caudillos. Sin sangre, pero con cojones. Cuando Saturnino Cedillo se levantó en armas en San Luis Potosí, Cárdenas tomó el tren nocturno sin más equipaje que su maletín de aseo y sin más compañía que la de su secretario de Gobernación, Ignacio García Téllez. Esa madrugada, llegó a San Luis, se presentó en el despacho del azorado gobernador cedillista, pidió el uso del balcón de Palacio, arengó a los potosinos y allí mismo acabó con la rebelión.

Ello no impidió que los residuos del caudillismo se hicieran presentes en la elección presidencial de 1940. Los generales Joaquín Amaro, Sánchez Tapia y, sobre todo, Juan Andrew Almazán, surgieron como candidaturas de derecha, ajenos al "socialismo" cardenista que aún espantaba a la "gente decente". Seguramente no fue fácil para Cárdenas desplazar a su camarada Francisco Múgica a favor de "El Soldado Desconocido", Manuel Ávila Camacho. Pero Cárdenas sabía que la guerra mundial era inevitable, que la relación con Estados Unidos obedecería a los imperativos bélicos y que Ávila Camacho era conciliador y conservador, no sólo por ideología, sino como protector de la herencia cardenista. Pero Cárdenas no dejó de ser Cárdenas. Con guerra o sin ella, fue él quien se negó a que tropas norteamericanas cruzaran por Sonora para entrar a California.

La reforma agraria cardenista ha sido severamente juzgada, muchas veces con razón. El minifundio y el ejido no resolvieron el problema de la pobreza agraria. En cambio, cumplieron una promesa política pendiente de la Revolución, dándole a Cárdenas el apoyo campesino que antes se había ido con caciques y cristeros. Hay más, mucho más. La reforma agraria liberó al campesino de la secular esclavitud de la tierra y la hacienda, permitiéndole emigrar a las ciudades, nutrir la fuerza de la industria y preparar, con el puente avilacamachista, el programa de industrialización del presidente Miguel Alemán. Acaso no se ha estudiado con suficiencia el carácter complementario de las más profundas políticas de Cárdenas y Alemán. Éste, no lo olvidemos, fue el primer gobernador estatal que brindó su apoyo a Cárdenas en el momento de la expropiación. (Fue también —dato poco conocido— el secretario de Gobernación avilacamachista que se opuso a una entrada precipitada de México en la guerra, en pugna con la filosofía de su futuro contrincante por la presidencia, el canciller Ezequiel Padilla.)

Que la política alemanista de industrialización sea hoy vista como una reliquia económica a la luz de la nueva economía de valor en vez de cantidad y de información en vez de planeación, no impide que en su momento las reformas laboral y agraria de Cárdenas condujesen a las políticas de industrialización, sustitución de importaciones y desarrollo estabilizador que aplicaron, con auge inicial y subsiguiente deterioro, los siguientes gobiernos. Pero en su momento, significaron un desarrollo sostenido de casi el 7% anual durante varias décadas y la incorporación de muchísimos mexicanos a mejores niveles de salud, educación y trabajo.

La diferencia es que Cárdenas impulsó un desarrollo con justicia. Las estadísticas demuestran que nunca en nuestra historia, como durante el sexenio cardenista, todas las clases sociales de México crecieron de manera más equilibrada y constante. El abandono paulatino de las políticas revolucionarias de Cárdenas nos condujo primero al espejismo de un "milagro mexicano" y luego a un desigual combate entre los rigores de la ortodoxia fiscal y los de la pobreza de casi la mitad de los mexicanos. Explosión demográfica, saldos del pasado, proyectos equivocados, grandilocuencias sucesivas y de corta vida condujeron a la quiebra de sistema corporativo cardenista y su águila de dos cabezas: el presidente y el partido.

—¿Por qué no se quedó usted en la presidencia y continuó su tarea revolucionaria? —le preguntó un día, en La Habana, Fernando Benítez al general Cárdenas.

—Porque yo no soy un Trujillo —dijo, *for the ages*, el hombre de Jiquilpan.

Cárdenas protagonizó una paradoja. Enterró para siempre el espectro de la reelección presidencial pero fortaleció para los próximos sesenta años la institución presidencial. Quizá, como alegan sus críticos, no era un demócrata. Pero su organización del país, su victoria sobre el caudillismo y el caciquismo (absoluta la primera, relativa la segunda), su modernización desde abajo, su confianza en el capital humano del país, su respeto a la vida humana, son todas semillas para el México democrático, pluralista y diversificado que hoy queremos.

No sé si la herencia cardenista, por irrepetibles que sean las circunstancias de su época, sirva aún para iluminar la constante lucha mexicana entre el "primer país" de la prosperidad relativa, el "segundo país" de la pobreza dentro de la modernidad y el "tercer país", el país indígena, de la pobreza absoluta. El indígena, el gran olvidado de la historia de México, la víctima secular desde el imperio azteca hasta el imperialismo republicano, luchando siempre por sus derechos. ¿Cómo conciliar las ventajas de la modernización en el mundo indígena —salud, escuela, trabajo, acaso libertad para abandonar las comunidades y sumarse a proyectos de desarrollo nacional— con la tradición "color de la tierra"?

México está a prueba. Su unidad, en el siglo XXI, dependerá de su diversidad. La "unidad nacional" priista ya no es posible. Pero la diversidad, ¿cómo se manifestará en beneficio tanto de los indígenas como de la colectividad nacional? Leamos de vuelta el gran libro de Julieta Campos, *¿Qué hacemos con los pobres?* y escuchemos su segunda pregunta: ¿No es posible conciliar la salud fiscal y la economía internacional con un progreso real desde abajo, el impulso al desarrollo agrícola e industrial de las pequeñas comunidades, renovar la cohesión de las comunidades, su capacidad de resistencia, sus vínculos solidarios? ¿Excluyen estas metas un hospital moderno en Ocosingo, una carretera transístmica, la participación de México en el desarrollo de la América Central?

El punto de avenencia va a consistir en reconciliar los tiempos de México en un proyecto más coherente con lo que es el país real.

Todas las partes deben ver con claridad que en el México de hoy, estos asuntos se pueden y deben dirigir respetando las leyes de la democracia.

No, éste ya no es el México de Lázaro Cárdenas. Pero el México de hoy no existiría sin Lázaro Cárdenas.

Vigencia, no sólo política, sino personal, de Cárdenas. Una fotografía lo muestra firmando un decreto de reforma agraria. No hay aquí —habiéndolo— el retrato de un jefe de Estado firmando una ley, sino el de un ciudadano recobrando los derechos de la comunidad a la que pertenece, de donde salió, a los quince años de edad, armado con un fusil para combatir por la Revolución y derrumbar a Victoriano Huerta.

La manera en que Cárdenas no sólo regresa, sino que forma parte de los mexicanos que lo rodean, me parece única y no veo a otro presidente, después de él, capaz de bajarse de la plataforma del discurso e integrarse a quienes le han escuchado. Esta cercanía, esta natural pertenencia al país y a su gente se manifiesta en Silao y en Dolores Hidalgo, en Apaseo el Alto, dondequiera que Cárdenas se detiene, saluda, dialoga… rumbo a su tierra natal, Michoacán.

Sólo que Cárdenas no sólo se acerca a quienes le sonríen y quieren. Se acerca a sus enemigos de una manera directa y a veces peligrosa. Cárdenas acabó con el Maximato de Calles poniendo al ex-presidente en un avión rumbo a Los Ángeles con un ejemplar del *Mein Kampf* de Hitler en las manos. Durante la muy debatida elección de 1940, un grupo de derecha se reunió frente al Palacio de Bellas Artes en la Ciudad de México. Todos gritaban, "muera Cárdenas". De repente, una voz se dejó oír en el centro mismo de la manifestación.

—Aquí estoy. ¿Qué quieren? Pregúntenme.

Claro, era Cárdenas, el presidente, dispuesto a darle la cara y contestar en vivo a sus opositores. No sé si éstos cambiaron su intención de voto. Todos se dieron cuenta de que Cárdenas era primero un hombre y secundariamente el presidente de la República. O, si lo prefieren, era presidente porque era un hombre.

Estuve con él en Cuba durante una manifestación gigante en 1961. Castro habló durante casi dos horas a la multitud con la facilidad verbal que conocemos. Cárdenas carecía de ella. Leyó su discurso con entonación pareja, sin alarde de oratorio. Lo recordé en ese momento acercándose a la gente en las plazas de Guanajuato, en las aldeas de Michoacán, en las escuelas de Jalisco. Era otro estilo. Eran palabras semejantes a las de sus interlocutores, otros ciudadanos como él, sin más tribuna que la calle.

No disminuyo el poder de la oratoria política. Y Cárdenas se rodeó de muy buenos oradores —Vicente Lombardo Toledano, Luis Rodríguez, Alejandro Carrillo—. También de profesionistas discretos y eficaces —Agustín Leñero, Ramón Beteta, Eduardo Suárez, Efraín Buenrostro—, que aseguraron la buena marcha, día con día, de su gobierno. Extraordinaria combinación. Reformas a fondo en el campo, la industria, la organización del trabajo, junto con la administración conservadora de las finanzas públicas.

Esto distingue al movimiento revolucionario mexicano de otras revoluciones que desembocaron en el totalitarismo con el tiempo.

México inició su Revolución en 1910 y ya en febrero de 1917, antes de la revolución de octubre en Rusia, se había dado una Constitución en la que al lado de las garantías individuales, aparecían los derechos sociales: el derecho del trabajo en el artículo 123 y el derecho agrario en el artículo 27. Ninguna revolución del siglo XX unió estos dos derechos en la ley. La revolución mexicana tampoco los respetó plenamente, pero los mantuvo vivos a través de la crítica (*Los de abajo* de Mariano Azuela se publicó en 1915, en medio de la lucha de facciones) y a través de sanas contradicciones entre sindicatos rivales, universidades autónomas, profesiones independientes, más una política exterior que demandaba una cierta coherencia interior. Y si se trataba de diferenciarse del estalinismo, la emisaria soviética, Mme. Kolontay, fue expulsada en 1927 y las relaciones con la URSS rotas, Trotsky recibió el asilo mexicano en 1937 y la relación con la URSS se reanudó durante la guerra con un embajador eficaz, sutil y hasta peligroso, Constantin Oumansky, que pereció en un accidente aéreo en 1945.

Lo más importante es que, dentro del marco de un partido único en el poder y de un moderado corporativismo, el México revolucionario fue ilustración de las teorías de Vilfredo Pareto (1848-1923) acerca del elitismo de abajo hacia arriba como condición de una sociedad con clases en las que los caminos del ascenso no están cerrados. Sólo que Cárdenas entendió esta idea como algo aplicable a la sociedad en su conjunto. Todos ascienden, unos más que otros, pero los más desfavorecidos ascienden como parte del todo social. Las desviaciones del "milagro" mexicano postcardenista son notorias. El mérito de Cárdenas es que, sin desdeñar a las élites, dio oportunidad y medios de ascenso a los mexicanos más desposeídos. La distribución de la tierra fue un fracaso a medias, porque en la medida en que no tuvo éxito, movió al campesino del campo a la ciudad y al trabajo obrero. Pero Cárdenas sí le dio al campesino una idea más alta de su dignidad.

En cambio, la revolución mexicana tuvo la distinción de permitir —de alentar— la creación artística y la excelencia profesional. Si algunos artistas de la época porfirista —Ruelas, Herrán, Velasco, Posada la excepción— dieron grandes obras, sin la Revolución no se entienden los murales de Diego Rivera, José Clemente Orozco y David Alfaro Siqueiros, la música de Carlos Chávez, Silvestre Revueltas, Blas Galindo y Julián Carrillo, las novelas de Azuela, Martín Luis Guzmán y Rafael F. Muñoz, Jorge Ferretis y Gregorio López y Fuentes, el cine de Fernando de Fuentes y Emilio Fernández, el periodismo de José Pagés Llergo, el moderno profesionalismo de los doctores Ignacio Chávez, Gustavo Baz, Salvador Zubirán y las instituciones que crearon, la autonomía de la Universidad de México obtenida durante la presidencia de Emilio Portes Gil (1929), y la renovación de la relación con Estados Unidos durante la embajada de Francisco

Castillo Nájera, la actividad de Isidro Fabela en los sistemas internacionales y la defensa de la República española así como la oportunidad para sus exiliados políticos organizada por Gilberto Bosques.

No todo esto es atribuible al presidente Cárdenas. El prestigio de la Revolución, su novedad continental atrajo a México a Valle-Inclán y Manuel Ugarte, a André Breton y Sergei Eisenstein, a Carleton Beals y a Upton Sinclair, a Tina Modotti y a Jean Charlot desde 1920. Sin embargo, fue durante la presidencia de Cárdenas que todas estas personas dieron compañía y vigor a la cultura, la educación y la política mexicanas.

La política exterior de Cárdenas demuestra que la defensa de los principios acaba por triunfar sobre el mero pragmatismo inmediato.

La agresión desbocada de las potencias fascistas. Manchuria, Abisinia, Austria, Checoslovaquia, la guerra de España, Polonia, la Guerra Mundial. Una cosa condujo a la otra. Nadie impidió la catástrofe.

¿Había manera de evitarla?

De haber, había. México condenó todos y cada uno de estos actos de agresión.

¿Sirvió de algo la actitud del presidente Cárdenas?

En ese momento no, porque no modificó los resultados. Ganaron Hitler, Mussolini y Franco. Pero a la larga sí, porque perdieron Hitler y Mussolini. Franco no perdió la guerra. La perdió España. Franco derrotó a España. La despojó de instituciones, de inteligencias, de esperanzas. Franco convirtió a España primero en una lóbrega prisión y más tarde en socio secundario de los norteamericanos, como había sido socio secundario de Hitler. En cambio, México ganó a España. Cárdenas recibió un cuarto de millón de refugiados españoles en México a partir de 1939. La pérdida de España fue la ganancia de México. La emigración republicana multiplicó y fortaleció la vida cultural de México. Ciencias, artes, derecho, filosofía. Duele decirlo, México ganó la guerra española. La migración republicana enriqueció a México.

Cárdenas puso los principios por delante de los intereses, porque siempre pensó que los principios lo son porque obedecen a los intereses. Y los intereses se pierden si no encarnan en principios.

¿Qué nos dijo Cárdenas?

Que miles de mexicanos padecen aún las necesidades más elementales y que superar esta situación debe estimular y justificar a los gobiernos mexicanos.

Fue Cárdenas fiel a sus obligaciones y no olvidó su origen. Que fue trabajador, que fue leal a su clase de origen, que fue esa clase la que lo elevó a la presidencia y que como gobernante procuró los medios legales para emancipar a los obreros y a los campesinos.

Que ninguna acción colectiva es completa desde el inicio. Es la tarea de generaciones sucesivas llevarla al éxito: lo importante es empezar.

Índice de fotografías

Alfaguara es un sello editorial del Grupo Santillana

www.alfaguara.com.mx

Argentina
www.alfaguara.com/ar
Av. Leandro N. Alem, 720
C 1001 AAP Buenos Aires
Tel. (54 11) 41 19 50 00
Fax (54 11) 41 19 50 21

Bolivia
www.alfaguara.com/bo
Calacoto, calle 13 nº 8078
La Paz
Tel. (591 2) 279 22 78
Fax (591 2) 277 10 56

Chile
www.alfaguara.com/cl
Dr. Aníbal Ariztía, 1444
Providencia
Santiago de Chile
Tel. (56 2) 384 30 00
Fax (56 2) 384 30 60

Colombia
www.alfaguara.com/co
Calle 80, nº 9 - 69
Bogotá
Tel. y fax (57 1) 639 60 00

Costa Rica
www.alfaguara.com/cas
La Uruca
Del Edificio de Aviación Civil 200 metros Oeste
San José de Costa Rica
Tel. (506) 22 20 42 42 y 25 20 05 05
Fax (506) 22 20 13 20

Ecuador
www.alfaguara.com/ec
Avda. Eloy Alfaro, N 33-347 y Avda. 6 de Diciembre
Quito
Tel. (593 2) 244 66 56
Fax (593 2) 244 87 91

El Salvador
www.alfaguara.com/can
Siemens, 51
Zona Industrial Santa Elena
Antiguo Cuscatlán - La Libertad
Tel. (503) 2 505 89 y 2 289 89 20
Fax (503) 2 278 60 66

España
www.alfaguara.com/es
Torrelaguna, 60
28043 Madrid
Tel. (34 91) 744 90 60
Fax (34 91) 744 92 24

Estados Unidos
www.alfaguara.com/us
2023 N.W. 84th Avenue
Miami, FL 33122
Tel. (1 305) 591 95 22 y 591 22 32
Fax (1 305) 591 91 45

Guatemala
www.alfaguara.com/can
7ª Avda. 11-11
Zona nº 9
Guatemala CA
Tel. (502) 24 29 43 00
Fax (502) 24 29 43 03

Honduras
www.alfaguara.com/can
Colonia Tepeyac Contigua a Banco Cuscatlán
Frente Iglesia Adventista del Séptimo Día, Casa 1626
Boulevard Juan Pablo Segundo
Tegucigalpa, M. D. C.
Tel. (504) 239 98 84

México
www.alfaguara.com/mx
Av. Río Mixcoac 274
Colonia Acacías
03240 México D.F.
Tel. (52 5) 554 20 75 30
Fax (52 5) 556 01 10 67

Panamá
www.alfaguara.com/cas
Vía Transísmica, Urb. Industrial Orillac,
Calle segunda, local 9
Ciudad de Panamá
Tel. (507) 261 29 95

Paraguay
www.alfaguara.com/py
Avda. Venezuela, 276,
entre Mariscal López y España
Asunción
Tel./fax (595 21) 213 294 y 214 983

Perú
www.alfaguara.com/pe
Avda. Primavera 2160
Santiago de Surco
Lima 33
Tel. (51 1) 313 40 00
Fax (51 1) 313 40 01

Puerto Rico
www.alfaguara.com/mx
Avda. Roosevelt, 1506
Guaynabo 00968
Tel. (1 787) 781 98 00
Fax (1 787) 783 12 62

República Dominicana
www.alfaguara.com/do
Juan Sánchez Ramírez, 9
Gazcue
Santo Domingo R.D.
Tel. (1809) 682 13 82
Fax (1809) 689 10 22

Uruguay
www.alfaguara.com/uy
Juan Manuel Blanes 1132
11200 Montevideo
Tel. (598 2) 410 73 42
Fax (598 2) 410 86 83

Venezuela
www.alfaguara.com/ve
Avda. Rómulo Gallegos
Edificio Zulia, 1º
Boleita Norte
Caracas
Tel. (58 212) 235 30 33
Fax (58 212) 239 10 51

Esta obra se terminó de imprimir en abril de 2012
en los talleres de Litográfica Ingramex, S.A. de C.V.
Centeno 162-1, Col. Granjas Esmeralda,
C.P. 09810, México, D.F.